Dos norteamericanas en la Guerra de Cuba (1868-1878):
Josephine T. del Risco
y
Eliza Waring de Luáces

Introducción, edición y notas críticas
Jorge Camacho

Traducción
José Martí, Jorge Camacho, Francisco David Mesa Muñoz.

- STOCKCERO -

Foreword, bibliography & notes © Jorge Camacho
of this edition © Stockcero 2019
1st. Stockcero edition: 2019

ISBN: 978-1-949938-03-67

Library of Congress Control Number: 2019954222

All rights reserved.
This book may not be reproduced, stored in a retrieval system, or transmitted, in whole or in part, in any form or by any means, electronic, mechanical, photocopying, recording, or otherwise, without written permission of Stockcero, Inc.

Set in Linotype Granjon font family typeface
Printed in the United States of America on acid-free paper.

Published by Stockcero, Inc.
3785 N.W. 82nd Avenue
Doral, FL 33166
USA
stockcero@stockcero.com

www.stockcero.com

Dos norteamericanas en la Guerra de Cuba (1868-1878): Josephine T. del Risco y Eliza Waring de Luáces

Introducción, edición y notas críticas
Jorge Camacho

Traducción
José Martí, Jorge Camacho, Francisco David Mesa Muñoz.

Agradecimientos

Todo libro es una sumatoria de esfuerzos, por eso, quisiera agradecerle aquí a quienes me ayudaron a completarlo. A mi colega Rebecca Janzen, quien leyó una versión de la introducción y me dio sugerencias. A Francisco David Mesa Muñoz quien tradujo conmigo al español la narración de Josephine T. del Risco. A Jack Eckert, bibliotecario de Boston Medical Library, en Countway que posee el manuscrito de Josephine, y quien me facilitó una copia. A Fritz Culp, quien leyó mi transcripción y sugirió algunas palabras que por estar tan borrosas en el manuscrito no se entendían. En la traducción hemos tratado de mantener la ortografía y la sintaxis original del texto, aunque en algunos casos por las razones antes dicha y para que se entienda mejor la hemos modernizado. De más está decir que cualquier error es mío.

Índice

Introducción..ix
    Voces de mujeres en la guerra: Lila de Luáces, Josephine del Risco y Eva Adán de Rodríguez.

Obras citadas: xxvii
Cronología..xxix
Atrocidades en Cuba...1
Recuerdos De Josephine T. Del Risco. 15
Atrocities In Cuba. 67
Reminiscences Of Josephine T. Del Risco. 79

Introducción

Voces de mujeres en la guerra: Lila de Luáces, Josephine del Risco y Eva Adán de Rodríguez.

A partir de la publicación de *Biografía de un Cimarrón* de Miguel Barnet en 1966 numerosos ensayos han tratado de definir el género de testimonio en Latinoamérica. Un género llamado «sin arte» que tradicionalmente habla de intimidad y compromiso político, dándole voz a aquellos que no la tienen. Así el antiguo esclavo, la guerrillera o la mujer indígena ocuparon el lugar central de estas discusiones. No extraña entonces que para John Beverley la característica principal de este género sea precisamente su marginalidad, su lugar descentrado, alejado de la metrópoli imperial como fue el caso de Garcilaso de la Vega. En particular, dice Beverley el testimonio sirve de vehículo para sujetos como el niño, la mujer, la indígena o el proletario, que han sido excluidos de las representaciones autorizadas «when it is a question of speaking and writing for themselves rather than being spoken» (93).

En esta introducción discutiré tres textos que considero ejemplos tempranos del testimonio y que fueron escritos por mujeres que pertenecían a la clase esclavista en Cuba. En estas historias, estas mujeres narran sus vivencias de la guerra. Dos son de origen estadounidense y la otra cubana. Las tres vivían en la misma provincia de Camagüey cuando estalló el conflicto en 1868. Los primeros dos textos fueron escritos en inglés mientras que el último en español. Sus autoras se llaman Lila Waring de Luáces, Josephine del Risco y Eva Adán de Rodríguez. Del texto de Lila Waring de Luáces solo conocíamos una traducción, hecha nada menos que por José Martí pero hasta el presente se desconocía el original, ya que no se había podido localizar el periódico que lo publicó.[1] Asimismo, el testimonio de Josephine del Risco es totalmente inédito. Lo encontramos en la biblioteca de Me-

---

[1] Para más detalles véase las *Obras Completas. Edición crítica*, vol. 21, donde a pie de la traducción de Martí en ese volumen los editores escriben: «No se ha podido hallar el texto en inglés. En el ángulo superior izquierdo: «De *The Times*./ de New York. » (p. 436).

dicina de la Universidad de Harvard cuando recopilábamos información para escribir *Amos, siervos y revolucionarios: la literatura de las guerras de Cuba (1868-1898). Una perspectiva trasatlántica* (2018). En este libro publico la traducción de los dos primeros con su versión original y aclaro el contexto político-social que rodeó su publicación.

Estos textos, además de ser escritos por mujeres que residían en la misma provincia en 1868, comparten otra característica fundamental: el servir de resistencia al poder colonial en la isla, ya que las tres mujeres participaron en el conflicto del lado de los cubanos y su escritura formó parte de una experiencia colectiva, no autorizada, que narró la guerra desde el punto de vista de las víctimas. Desafortunadamente, ninguno de los nombres de estas mujeres ni sus testimonios han formado parte de las discusiones de la guerra de Cuba. Sus nombres no aparecen en ningún diccionario o monografía de Cuba o de los Estados Unidos a pesar de que son un ejemplo de los sacrificios por los que pasaron las cubanas a partir del momento en que los criollos le declararon la guerra a la Metrópoli. Son recordatorios vívidos del sufrimiento que tuvieron que atravesar, la pérdida de vidas y la miseria en que vivieron miles de familias en los montes. Su escritura hay que verlas como un «recordatorio» y una forma de construir un archivo de agravios.

Para comenzar, el testimonio de Eva Adán de Rodríguez, *Hojas de Recuerdos,* se publicó en 1935 con una introducción de Dr. Gonzalo Aróstegui y un epílogo del periodista Miguel de Marcos (1894-1954) quien por casualidad como cuenta en su libro, vivía en un apartamento ubicado debajo del de Eva Adán en La Habana y le pidió que escribiera sus memorias. Eva Adán estaba casada con Alejandro Rodríguez Velazco (1852-1915), quien fue general de división del Ejército Libertador durante la guerra de 1868 y después del triunfo republicano se convirtió en el primer alcalde de la Habana. Su cercanía a los hombres que desafiaron la Metrópoli, por tanto, era importante, igual que lo fue para Eliza H. Waring de Luáces quien se casó con Emilio Lorenzo Luáces (1842-1910), que era médico y llegó a alcanzar el grado de coronel del Ejército Libertador.

Eliza y Lorenzo Luáces se conocieron y se casaron en Nueva York en 1863. Lorenzo y su hermano, Antonio, habían ido a los Estados Unidos a estudiar Medicina y durante la Guerra de Secesión norteamericana (1861-1865), Antonio se enroló en el Ejército del Norte donde llegó a obtener los grados de coronel. Más tarde, Antonio se incorporó al Ejército Libertador y combatió contra los españoles hasta que cayó prisionero en 1875 y fue juzgado a muerte en consejo de guerra. Después de contraer matrimonio en los Estados Unidos, Lorenzo y Eliza se fueron a vivir a Cuba, donde la familia Luáces tenía uno de los ingenios más importantes de Camagüey, El Oriente, famoso por su belleza. Tal es así que el cura español Antonio Perpiñá habla de El Oriente en su libro *El Camagüey, viajes pintorescos por el interior de Cuba y por sus costas* (1889), y resalta el buen gusto y trato de su dueño. De acuerdo con Perpiñá, El Oriente tenía alrededor de 200 esclavos cuando lo visitó en la década de 1860. Tenía el estilo de un chalet suizo e iluminado por las noches con lámparas chinas parecía una casa de hadas (88).

Al comienzo de la guerra, no obstante, El Oriente se convirtió en un lugar de reunión de los jefes revolucionarios como Ignacio Agramonte (1841–1873) y el General Donato Mármol (1843-1870), y por eso, Liza Waring y su esposo tienen que abandonar su propiedad. Aunque como sugiere Josephine del Risco en su narración, ambos vivieron sin ser molestados durante casi dos años en El Oriente y allí era donde atendían a los heridos. Antes de marcharse a la manigua, la familia del Risco y la familia Luáces se reúnen en El Oriente para pasar la Navidad. La anécdota la cuenta Josephine del Risco en sus memorias y resulta ser una de las más conmovedoras de la narración.

Por esta razón, las tres escritoras le proveerán al lector de una perspectiva muy diferente a la que brindan los textos que fueron escritos por los hombres que lucharon en la manigua. No hablarán de su participación en los combates, porque las mujeres en su mayoría no participaban en los conflictos. Hablarán de la vida de los ranchos cerca de los campamentos donde curaban heridos, hacían balas, remendaban sus ropas y pasaban el tiempo con sus maridos cuando estos regresaban de los combates. Su posición, condicionada por el género, nos da una visión de la guerra que se origina desde la retaguardia o en los espacios liberados u ocultos en la manigua, adonde no habían llegado todavía las tropas peninsulares. Lo cual no quiere decir que no escaparan de las represalias o no sufrieran castigo si eran halladas en estos hospitales ya que de ser así se les consideraba enemigas de España. Por eso, como dejan explícito los textos de estas mujeres, cualquier civil que simpatizara con los mambises podía ser juzgado y pasado por las armas.

En el caso del testimonio de Eva Adán de Rodríguez su condición social pasa a ocupar un primer plano ya que varias veces contrasta su vida en la manigua con la que tuvo antes en Puerto Príncipe, la ciudad principal de Camagüey. Como afirma casi al inicio del texto su familia tuvo que dejar la ciudad tan pronto como los soldados españoles instalaron cañones en las torres del templo de la Merced en Puerto Príncipe, la cual estaba ubicada al lado de su casa. El objetivo era proteger la ciudad de los ataques de los rebeldes. En aquellos momentos Eva Adán era todavía una adolescente, y dado la fortuna de sus padres, estos pensaban enviarla a estudiar a Florencia, Italia. En cambio, toda la familia tuvo que abandonar la ciudad y refugiarse en su finca, la cual pronto tuvieron que abandonar también para trasladarse a una choza en el monte.

Por consiguiente, la narración de Eva Adán está marcada por un «antes y un después» que ilustra el cambio identitario por el que pasaron los protagonistas de estas narraciones, y coincide con la forma en que los criollos se vieron a sí mismos después de estallar el conflicto. «Antes» vivían una vida llena de confort y «después» no les quedaba otro remedio que sobrevivir en la pobreza, el hambre o el exilio, pero motivados por el amor a la patria. Este discurso será el que mantendrá la reserva de patriotismo en las obras de teatro y las novelas independentistas (Camacho 51-52). En estas narraciones las mujeres les dan la libertad a sus esclavos, abandonan sus hogares y se marchan a la manigua con sus esposos.

Como apunta Eva Adán, el propio Máximo Gómez le había dicho una vez que ella era una «aristócrata», alguien que había gozado antes de la guerra de un estatus social mucho más elevado que el de la mayoría de los hombres y mujeres que lucharon con él. Pero ese estatus, como vemos en el libro, rápidamente cambia cuando su familia se ve obligada a huir de la ciudad y los españoles confiscan sus propiedades por simpatizar con los rebeldes. De modo que de acuerdo con un comentario irónico que le hizo su hermana en la choza donde se encontraban ocultas en el monte, cuando ellas vivían en la «opulencia» usaban agujas ordinarias «y hoy que carecemos de todo, las tenemos de oro» (60). La ironía del comentario residía en el hecho de que en la manigua, por no tener ninguno de los utensilios que tenían en la ciudad para hacer sus labores de costura, tenían que ser creativas y usar cualquier objeto para ayudarse; por eso utilizaban ahora sus broches de oro para remendar sus ropas. En su historia, por consiguiente, estamos en presencia de un doble desplazamiento. El sujeto ocupa un lugar que no le corresponde al cambiar su vida por el de la persona común o el campesino. Asimismo, los objetos que usa de la otra vida sirven para hacer algo más para lo cual no estaban diseñados. En ambos casos el movimiento se inscribe como una contradicción con el lugar, como una especie de anatopismo en que el sujeto y objeto aparecen desplazados, sin el prestigio, el dinero o la función que tenían en su vida anterior. La visión se origina desde un espacio marcado por la clase social que pierde su importancia material al mismo tiempo que suple esa disminución con el patriotismo.

Así, en la narración de Eva Adán sobresalen los recuerdos personales, las memorias de su familia en las fincas y chozas del monte donde se refugiaron y en estos recuerdos siempre está presente su vida anterior, al extremo que hasta las ropas que llevaba le parecían extrañas. De esta forma sus recuerdos funcionan como lugares distópicos en que se mezclan su identidad aristocrática y su vocación de patriota. Uno de estos recuerdos aparece cuando apunta que después que los españoles habían asaltado su casa y habían roto todos sus muebles, lo que más le angustió fue encontrar los espejos rotos «porque deseaba conocerme transformada de niña en mujer» (34). Un año después, cuando las tropas españolas la toman prisionera y la transportan a la ciudad con sus padres, Eva Adán finalmente logra verse en un espejo y dice:

> Imposible describir la impresión y el malestar que experimenté al contemplarme de cuerpo entero en aquellos grandes espejos, ¡tan pobre y ridículamente vestida!... //Como era una niña cuando salí al campo y en se tiempo había crecido y desarrollado más, no tenía ropa que me sirviera y la incomunicación con los pueblos impedía abastecernos con lo más necesario, se habían aprovechado para mis trajes aquellas colchas de saraza de vivos colores que se usaban en el campo para camas y cortinas, cuyos dibujos eran flores, pájaros, frutas, etc. etc. La pinta del que yo llevaba ese día era de berenjenas; los zapatos hechos en la manigua con piel de jutia, sin figura ni tamaño. (40-41)

Por consiguiente, como en el caso anterior en el que habla de las dificultades que tenían para encontrar agujas en el campo, aquí reconstruye sus memorias a partir del contraste que producían las ropas hechas con retazos de telas que entonces solo se usaban para cortinas y camas. De esta visión surge la inconformidad, la mirada que juzga su apariencia «ridícula» por los valores aristocráticos que aprendió de niña antes de huir al monte. El mismo gesto aparece cuando ve entre los mambises que llegan a su casa a Félix Aguirre, harapiento, vestido con ropas que le habían hecho de un viejo forro de catre y desde el primer momento se fija «en unos preciosos botones de nácar que se destacaban en aquel sucio y raído uniforme» (57). Una y otra vez, la mirada de la adolescente se fija en el contrate que se establece entre dos objetos que se encuentran en el mismo lugar pero que chocaban entre ellos por su origen o su valor. Son objetos que estaban en el lugar que no les pertenecía, igual que estaba ella allí rodeada de malezas y objetos rotos. No extraña entonces que para un sujeto poco acostumbrado al monte todo lo que pudiera hacerse con objetos y partes de animales que no fueran las acostumbradas, le causara asombro. Según Eva Adán en aquellos momentos:

> La necesidad aguzaba las ideas y despertaba las habilidades; se rehacían los cepillos de dientes con crines de caballos, de los rabos de las jutías se hacían dedales; y Lecondia, una de mis hermanas conservaba uno que era una perfección. Al faltarles agujas, utilizaba los alfileres de sus prendedores de oro. (59)

Su narración regresa así una y otra vez sobre la experiencia del «Yo» que tiene que abandonar su lugar de origen, sus costumbres y adaptarse a otra vida, ya sea en el monte o en el exilio. Ese cambio la obliga a vestirse diferente y aprender habilidades que no eran propias de su edad, como curar a los heridos, o dedicarse a confeccionar cartuchos para las armas que utilizaban los independentistas en los combates. Por eso, afirma que a pesar de que las niñas de su tiempo se les enseñaba a coser y hacer bordados, nunca aprendió «las labores propias de mi edad y condición» (65).

En el caso de la narración de Liza de Waring las marcas sociales son menos evidentes. Sobre todo, porque «Lila», que era el nombre por el que la llamaban sus amigos y firma en el periódico norteamericano, no habla de su vida personal como lo hace Eva Adán. Su texto habla de la guerra y los crímenes que cometían los soldados. Habla con más emoción y ansiedad sobre su experiencia, tal vez porque a diferencia de Eva Adán escribe su narración en el mismo momento en que sucedía la guerra. No treinta y dos años después de lograda la independencia. Liza, a diferencia de Eva Adán, era además una mujer adulta. Tuvo que tomar decisiones por ella misma y huir con su esposo a la manigua. En tal sentido su memoria es un testimonio de la sobrevivencia, un alegato en contra de la violencia de los soldados peninsulares y un recordatorio constante de la posibilidad de ser sorprendidos en el monte a cualquier hora del día y ser fusilados. En su caso, además, la narración se publicó en varios periódicos de los Estados Unidos y por eso se convirtió en un arma de lucha en contra el gobierno español y una forma de interceder por los cubanos ante el público estadounidense.

En efecto, una vez que logra escapar de Cuba y llega a los Estados Unidos, Lila dio a la imprenta una carta titulada «Atrocidades en Cuba» en cuya introducción los editores del periódico la califican de prueba del trato inhumano que daban las autoridades españolas a los cubanos. El mismo periódico subraya su capacidad de testigo al afirmar que Lila residía en Cuba cuando estalló la guerra y que junto con su esposo estuvo a cargo por dos años de los hospitales de campaña que daban apoyo a los insurgentes. Así, de acuerdo con el editor del *New York Tribune*, Lila logró llegar a los Estados Unidos en 1870, dos años después de estallar el conflicto, pero se había evitado publicar esta carta dado la posible repercusión que podía tener en su esposo que todavía permanecía en Cuba. De todas formas, el periódico publica la misiva en la cual Liza de Luáces describe con detalle las represalias de los soldados españoles en la isla, especialmente contra los civiles acusados de simpatizar con los rebeldes.

En ella, habla de mujeres, niños y hombres que son asesinados sin excusa y sus cuerpos despedazados, desmembrados y quemados vivos. Dice que los hombres de la familia Molina fueron apresados y encontrados más tarde tan ferozmente mutilados que fue difícil reconocer sus cuerpos. «Los genitales y las orejas de los tres habían sido cortados y el cuerpo del pequeño niño había sido tan macheteado a pedazos que solamente pudo ser identificado por su ropa» (4). La violencia de la letra en este testimonio era un reflejo de la lucha desigual y asimétrica que ocurría en la isla. Busca crear empatía en el lector recurriendo a la narración de casos extremos como el de la familia de Mola, cuya muerte aconteció después que Lila había abandonado Cuba, pero que es narrada de una forma muy similar a como más tarde la contó el único de los sobrevivientes. Por eso, es importante señalar que a pesar de que Lila de Luáces vivió en Cuba durante este tiempo y estuvo casada con uno de los principales jefes insurrectos en Camagüey, no fue testigo de todos los acontecimientos que cuenta. Ni tampoco ella reclama la posición de observador o víctima. Su testimonio toma la forma de un recuento de crueldades que los españoles cometen contra los cubanos. Incluso, sabemos que Lila habla de algo que conoció de forma directa por la introducción al artículo que escribió el editor del *New York Tribune,* de lo contrario no hubiéramos sabido del lugar central que ocuparon ella y su esposo en estos acontecimientos.

Podríamos preguntarnos entonces ¿por qué deja fuera los detalles personales en su narración? Lo hace, posiblemente, para poner todo el énfasis en las víctimas, con lo cual su narración se enfocaría en los hechos y dejaría fuera lo subjetivo. En tal sentido estamos en presencia de un texto muy diferente al de Evan Adán donde el «yo» ocupa el primer plano. Lila recurre a un lenguaje expositivo. Se enfoca más en el «dónde», «cómo» y «cuando» de la historia, que en el «yo», que como sugiere Georg Misch en *History of Autobiography in Antiquity* está en el centro de toda autobiografía. Su vida y cualquier trauma personal por el que pasó, quedan fuera de la narración. Después de todo, Lila pudo escapar de la isla y regresar a los Estados Unidos, algo que no pudieron hacer muchas familias cubanas que no tenían el dinero, ni la ciudadanía que les permitía la protección de este país.

Su único interés son las víctimas inocentes, las mujeres y los niños, con lo cual se demuestra todo el horror de la guerra. Podríamos decir entonces que al igual que otras narraciones famosas que deja la violencia al descubierto como la del Padre Bartolomé de las Casas en la *Brevísima relación de la destrucción de las Indias* (1552), la de Lila de Luáces reproduce un discurso factual, demostrativo, acusador, que se apoya en voces ajenas para defender una causa. En el caso de Las Casas los indígenas y en su caso, los cubanos. No es extraño entonces que ese estilo directo, tan similar a como lo hiciera un fiscal ante un juez, recurra a datos precisos, de los nombres de las víctimas, el día y la hora exacta en que fueron asesinados. Esta es la razón por la cual Lila comienza su carta al editor del *New York Tribune* con la siguiente frase: «La familia de Manuel A. Acosta estaba el 8 de abril de 1869 en una choza escondida entre los bosques» cuando los soldados españoles llegaron y mataron a todos los hombres (4).

Su estilo es conciso y directo. Le provee al lector con datos específicos de cómo sucedieron estos crímenes e intenta no inmiscuir un punto de vista ajeno a la narración, dejando afuera todo aquello que no era necesario como las descripciones del paisaje que podían darle belleza al texto. De este modo, Lila escribe una contra-memoria, en el sentido que le da Michel Foucault a este concepto, que se opondría a las historias tradicionales, y en este caso a cualquier historia que podían escribir los españoles sobre la guerra en Cuba (153-54). Con estas memorias en la mano, Lila como todos los revolucionarios, intenta preservar un tipo especial de conocimiento. Como diría Bruce James Smith en *Politics & Remembrance*, «the knowledge of the free people» (21, el conocimiento de la gente libre).

De esta forma, su narración, al igual que las obras de teatro y poemas separatistas que se publicaron durante la guerra, sirve para engrosar las causas por las cuales los cubanos se alzaban en armas. Pertenecen al archivo anticolonial con el cual los revolucionarios podían reclamar también la simpatía de los norteamericanos: el país del cual esperaban el reconocimiento de la beligerancia, incluso la posibilidad de anexión para escapar de España.[2] Esta función del testimonio como archivo se refuerza en el texto cuando Luáces menciona las cartas que recibió de las víctimas y los testimonios que escuchó de sus labios, detallando algunas de estas crueldades, cartas que como dice, habían mandado al departamento de la guerra donde estaban los rebeldes junto con ella y su esposo.

Dos de estas cartas fueron escritas por Narciso Tamayo, vecino de Sierra Maestra, en el Oriente de Cuba, y Salvador Cuevas, de la provincia de Villa Clara durante los meses de abril y enero de 1870. Luáces reproduce ambas cartas en su artículo lo cual muestra el interés en dejar que hable el otro en su texto (4). Consciente del poder del archivo, de la letra impresa y del testimonio de la víctima, traduce y transcribe estas misivas, agrega comentarios e información que refuerzan el mensaje. Por lo cual su testimonio funciona como una bolsa que guarda en su interior otras voces que no es la suya, guarda y reproduce otros testimonios a través de los cuales puede decir la verdad, ya que son una prueba directa del conflicto, que Luáces acentúa con palabras extremas, calificando de «atrocidades» las represalias y a los españoles de «salvajes» (4).

Con esto quiero decir que al publicar este testimonio en la prensa

---

2   Para una discusión más amplia sobre la importancia del archivo en la cultura occidental véase lo que dice Aleida Assmann en *Cultural Memory and Western Civilization*.

estadounidense la joven norteamericana no solo buscaba solidarizar al público con la causa de los criollos, sino que también construye una subjetividad muy diferente, inclusiva, transnacional y distinta a la de otras mujeres en la época, que no escribían en los diarios y mucho menos participaron en la guerra. De hecho, uno de los elementos más importantes de la guerra de Cuba es la construcción del género femenino de una forma radicalmente diferente a como se pensaba antes de 1868, ya que según la cultura patriarcal de la época las mujeres debían permanecer en sus casas, cuidar de sus hijos y esposos. No se suponía que tuvieran ideas políticas y mucho menos que las defendieran en los campos de batalla. De ahí que los textos de la guerra que hablan de las mujeres se diferencien tanto cuando se trata de reflejar sus acciones, ya que para los españoles las mujeres que se unían a los mambises en los montes eran promiscuas e indecentes y los revolucionarios que se lo permitían eran tildados de ladrones, borrachos e inmorales. Los periódicos satíricos de la época como *El Moro Muza* y *Don Junípero* las increpaba todo el tiempo, con rimas que hacían énfasis en su inmoralidad. Así el primero de ellos decía en 1869:

> Los que hoy libertad proclaman
> Son bien libertinos seres,
> A juzgar por las mujeres
> Que su ardor bélico inflaman.
> Las señoras se llaman.
> Es ya publica opinión,
> Que, con gran satisfacción,
> En cueros van tentadoras,
> Y si eso hacen las señoras,
> ¿Qué harán los que no lo son? (64)

En otra de las caricaturas que le hiciera el mismo periódico proespañol al principal líder del movimiento revolucionario, Carlos Manuel de Céspedes, este aparece con dos mujeres del brazo y dos niños a cada lado. La caricatura se titula «Céspedes inmoral y bígamo» (301) y aludía al hecho, posiblemente, de que a pesar de estar casado, Céspedes tenía relaciones sexuales con otra mujer del lugar[3], algo que hacían otros mambises y por lo cual eran atacados en los pe-

---

3   Para un comentario sobre las relaciones extramatrimoniales de Carlos Manuel de Céspedes, considerado el Padre de la Patria en Cuba, véase el libro de Abel Sierra Madero *Del otro lado del espejo: La sexualidad en la construcción de la nación cubana*, especialmente las páginas 64 y 65.

riódicos para rebajar sus ideas políticas ante la vista de los lectores. Por eso, la acusación contra Céspedes se extendía a todos los hombres y mujeres que participaron en la guerra del lado de los revolucionarios por lo cual al defender a los cubanos y descubrir el editor que ella también vivió en el monte junto con ellos, Luáces iba en contra de esa narrativa que las demonizaba y las convertía en seres execrables.

CESPEDES INMORAL Y BIGAMO,

No es extraño entonces que Luáces termine su testimonio señalando la violencia de los españoles contra las mujeres que ayudaban a los mambises y que citara un caso en particular: el de la hija de los Morels a la que le ordenaron desnudarse delante de los oficiales españoles. Si la retórica de la guerra en contra de los revolucionarios construía mujeres «indecentes» el testimonio de Lila de Luáces dejaba al descubierto que eran las mismas autoridades españolas las que abusaban de su poder, las que tenían en menos a las cubanas y las que usaban esta estrategia para autorizar la violencia contra ellas. De ahí que el caso que ocupa el centro de su narración sea la historia de la familia De Mola que fue asaltada y masacrada casi en su totalidad el 6 de enero de 1871. Para aquel entonces Luáces ya estaba en los Estados Unidos y aun así, logró recoger esta anécdota en su carta gracias a que consiguió hablar, dice, con el único sobreviviente de la matanza, uno de los niños de la familia: Melchor Loret de Mola.

El asesinato de la familia de Mola había ocurrido ese año en la misma provincia de Camagüey donde residían los Luáces, la familia Del Risco y la familia de Eva Adán. Tan pronto como sucedió se acusó al ejército español y en particular al destacamento de Acosta por el crimen. Según cuenta el propio Melchor años después, Acosta defendió su inocencia y el gobierno español conspiró para no aplicarle ningún castigo a los soldados. Por tanto, la historia que cuenta Lila de Luáces en su carta fue uno de los hechos de sangre más traumáticos de la guerra, que junto con el fusilamiento de los estudiantes de Medicina ese mismo año, galvanizó la opinión pública en contra de los peninsulares y en especial, de los voluntarios.

Según Lila ella supo del caso a través del único sobreviviente: «it is taken from the lips of the little son of Mercedes whom the Spaniards had left for dead» (se tomó de los labios del pequeño niño de Mercedes a quienes los españoles habían dejado por muerto 4), y el hecho no terminaría tampoco allí, ya que años después, en 1893, el propio Melchor escribirá su testimonio de lo que sucedió esa noche en el rancho de su familia en *Episodio de la Guerra de Cuba: El 6 de enero de 1871*. Coincidentemente, dos años después de publicarse este libro volvió a estallar la guerra, esta vez dirigida y organizada por José Martí, y después de triunfar la república Melchor se suicidó.

¿Cómo describe entonces este acontecimiento Lila Luáces en su carta? Luáces se enfoca en la violencia contra las mujeres inocentes, que son asaltadas por dos soldados que recorrían las cercanías del lugar en busca de revolucionarios. Al encontrarlas solas con sus hijos, les exigen que les den su dinero y dada la negativa de las mujeres a entregárselo, estos machetean a todos y le preden candela a la casa. En esta narración, por lo tanto, aparece la violencia indiscriminada de los soldados contra las mujeres y los niños indefensos, un rasgo característico de las narraciones de los cubanos para llamar la atención sobre las atrocidades que cometían los soldados y las guerrillas que los apoyaban. Tanto en la narración de Melchor de Mola como en la de Lila no hay respeto ni caridad por ellos. Los soldados ni siquiera están movidos por un ideal patriótico, sino que sólo les interesa el dinero de las criollas que habían huido al monte con el que les quedaba. De esto se deriva que si las cubanas morían por un ideal alto y patriótico, los españoles mataban por conseguir riqueza. Más importante aún, es notar cómo el lenguaje literario aparece como soporte de la narración, ya que en la descripción de este crimen los españoles se convierten en fieras sangrientas motivadas por el instinto de matar. Son «tigres», «hienas» y «chacales» excitados por «el aroma de la sangre» mientras que los niños son «ángeles», cuyos cuerpos son «rabiosamente» destrozados. Estas metáforas ordenan pues el texto y se unen a otro tropo literario, la ironía, ya que en medio de su descripción de la escena, el hablante afirma que la cabeza de la niña de cuatro años había servido de «¡trofeo quizás de la heroicidad de aquellas hienas!».

Claro está. La heroicidad y el crimen son conceptos antagónicos que no pueden reconciliarse, al menos que entendamos que el hablante las utiliza para resaltar la idea de la violencia extrema que se había cometido, y el gusto con que los soldados lo hicieron. Al hacerlo, el hablante deja implícito que es imposible recompensar con un galardón o un «trofeo» una acción de este tipo, y que solamente para personas que habían perdido su humanidad era posible ver en ello un honor. En ambos casos, por tanto, la literatura se convierte en un vehículo que amplifica las acciones. Les agrega un sentido moral. Las juzga desde una posición que ya no es la del discurso fáctico, literal y certero. Nos permite definir un «ellos» contra un «nosotros» que sirve de base legitimante al discurso patriótico y nacionalista que apoya esta narración.

Debo aclarar ahora que este lenguaje literario se acentúa en la traducción al español que hizo Martí del texto de Lila ya que el traductor le agrega giros lingüísticos a la historia que le imprimen más fuerza. Por ejemplo, De Luáces utiliza frases como «sinvergüenza infernal» (infernal scoundrel), demonios («fiends») (4), y dice que estos actuaron «como tigres enloquecidos por la sangre de sus víctimas» («maddened like tigers by the blood of their victims») (4). Martí, por otro lado, repite estos adjetivos, pero cambia la perspectiva de la locución, agregando signos de exclamación, y enfatizando la ironía ya que donde dice en el texto de Lila: «It is said that it was carried off on the point a bayonet as a trophy» (4) Martí escribe: «Y cuando al día siguiente, consiguieron encontrar seis cadáveres, –faltaba en ellos la cabeza de una niña de cuatro años– ¡trofeo quizás de la heroicidad de aquellas hienas!–». Nótese, por tanto, como la frase impersonal «se dice que fue llevada [la cabeza] en la punta de la bayoneta como trofeo» se vuelve una locución exclamativa, llena de fuerza acusatoria.

¿Qué rasgos entonces son característicos de la narración de Josephine del Risco? ¿Quién fue esta mujer completamente desconocida en la historia de Cuba? A diferencia de la narración de Lila de Luáces, la de Josephine se centra en la familia, en lo que podemos llamar la vida doméstica de los que huyeron a la manigua a causa de la guerra. En ella se muestran más emociones personales y la vida íntima de los que huyen, rasgos que no aparece en las historias contadas por los hombres. En su caso, los lectores a quienes se dirige Josephine, no son los de la prensa sino sus hijos, nacidos en Cuba, quienes pasaron por esta odisea junto con ella cuando eran pequeños y por lo mismo pudieron haberla olvidado. Escribe su narración en el periodo de entreguerras, y nunca la publica, quedando en la familia hasta que la encontramos en una biblioteca de Boston.

En sus «recuerdos» que es como ella califica estos apuntes, Josephine habla de su experiencia diaria en el monte cubano, de sus escondites, de sus esclavos y amigos, entre ellos Lila de Luáces, de la que nos da un retrato familiar junto con su esposo en El Oriente. En algunos momentos de la narración, incluso, Josephine recuerda su país natal, como cuando narra la historia de unos pendientes hechos con los botones dorados de los uniformes del ejército norteamericano, que en un «momento de patriotismo» su amiga Lila había llevado a un joyero para que los pusiera en unos enganches de oro. Al final, Josephine pierde los aretes, pero su conexión con ellos, como con Lila, le permite recrear su identidad norteamericana en medio de una guerra cruenta y ajena.

De modo que a diferencia de otros testigos de la guerra como Ramón Roa o José Martí, su narración está menos interesa en la política o en las estrategias, que en su vida diaria. Su interés principal es describir el ambiente doméstico: la cocina, los esclavos y otras familias que huyen de los soldados. Lo cual muestra claramente la división de trabajo y los roles genéricos que cada grupo debía cumplir. A diferencia también de las novelas testimonios de los años '60 en Latinoamérica, no hay intermediarios en estas narraciones dado que quienes las escriben no son tampoco de la clase pobre, sino esclavista. Saben leer y escribir. Igualmente, a diferencia de la narración de Eva Adán, que parece fragmentada y más interesada en su pérdida de estatus social, la de Josephine es una muestra directa, realista y patente de los sufrimientos por los que pasó. Es una narración que sigue un hilo cronológico y es la más exacta que ha sobrevivido de aquella época. Está escrita en primera persona y abarca un período de tres años, que debieron ser para Josephine los más importantes de su vida, ya que son los únicos de los que escribe.

Su historia se lee como una constante huida de un lugar a otro, ya que como dice Melchor Loret de Mola, las familias que se iban a la manigua vivían en constante temor de ser sorprendidas por los soldados españoles, y por eso, «las huidas, las marchas y contramarchas, eran perennes» (5). La familia de Mola, como cuenta Lila de Luáces, fue una que no sobrevivió, pero la de Josefina tuvo la suerte de mantenerse siempre un paso más adelante que los soldados. Tenían como ventaja una amplia red de conocidos y familias que le debían favores al esposo, Don Risco, que era un conocido doctor en Puerto Príncipe. Al final de la narración, sin embargo, se encuentran completamente aislados del resto del mundo, en condiciones desesperadas, dado que a medida que los soldados españoles intensifican la búsqueda, y los cubanos pierden hombres y municiones, las tropas españolas se arriesgan a entrar más adentro, y a las familias solo les queda huir a las partes más remotas de los bosques.

A estas ventajas, debemos agregar, además, que por ser norteamericana y tener dinero, Josefina tenía la protección del gobierno de los Estados Unidos, y logró escapar de Puerto Príncipe con algunos esclavos que le pertenecían «antes», y que le fueron «leales» en el momento que más los necesitaba. No fueron ellos las únicas familias adineradas que se fueron al monte con algunos esclavos. La familia de Mola también lo hizo, aunque no está claro el estatus que estos tenían durante este período en que los revolucionarios les dieron la libertad y se alzaron en armas. ¿Cuál era la función que tenían estos esclavos en las «prefecturas» mambisas y en el seno de las familias que huían? Por lo que podemos inferir de estas narraciones se dedicaban a buscar comida en el monte, cocinar, hacer tareas domésticas, ayudarlos en una variedad de tareas e incluso defenderlos de los españoles. No eran esclavos, porque en efecto algunos los abandonaron, pero seguían atados a la familia del amo por razones afectivas, otras por conveniencia y a veces porque eran obligados.

No sabemos exactamente cuántos esclavos tenía la familia Del Risco antes de comenzar la guerra. Por la narración sabemos que tenían dos casas, una en la ciudad de Puerto Príncipe y la otra cerca de una línea de tren que cruzaba un cañaveral. Al inicio de la historia nos enteramos que la familia Del Risco pensaba construir una casa de campo más amplia, y recientemente había traído de los Estados Unidos un motor de vapor. Es decir, como otras familias de Camagüey querían expandir su plantación azucarera, que era el producto que más dinero dejaba en la época, especialmente en las provincias occidentales que era donde más se necesitaba mano de obra esclava.

En tal sentido, su finca «La Josefina» no podía estar ubicada en un mejor lugar, ya que por allí pasaba la línea de tren que llevaría la azúcar al puerto. En su narración, sin embargo, Josefina nunca habla de sus esclavos en la plantación, solo se refiere a los esclavos domésticos que la acompañan al monte. Sabe que los separatistas habían declarado libres algunos, y que si estos ganaban, ya no habría más esclavitud en la isla. De modo que la guerra iba en contra de sus planes financieros y termina con la pérdida de sus posesiones. Por eso, en un momento revelador de la historia, vemos como a pesar de que Josefina está en contra de los españoles, se reciente de no tener esclavos y se molesta cuando otra familia le «roba» los poco que tenía para ayudarla «con promesas de tierras y libertad». Para colmo, a mitad de la narración nos enteramos que cuando otro de sus esclavos, José del Carmen, la abandona y se va al frente, Josefina logra convencer a uno de los generales del Ejército Libertador, Manuel de Quesada y Loynaz (1833-1884), el segundo a cargo de la guerra, para que se lo devuelva.

La historia de José del Carmen muestra así el estatus tan ambiguo que tenían los esclavos en el conflicto, dada la imposibilidad de los revolucionarios en decidir qué hacer con ellos, si darles la libertad o mantenerlos como esclavos, lo cual contribuyó al fracaso del alzamiento. Tal contradicción aparece incluso en las proclamas que publicaron los rebeldes, en cuya constitución de 1869, artículo 24, se dice que «todos los habitantes de la República son enteramente libres», solo para contradecirse un momento después, al afirmarse que «todos los ciudadanos de la República se consideraran soldados del Ejército Libertador». Como «soldados» los esclavos tenían que obedecer a sus jefes militares y por eso no extraña que Quesada haya podido ordenarle a José del Carmen regresar a la casa de sus antiguos amos, o que como dice Raúl Cepero Bonilla, los separatistas no hayan abolido la esclavitud en 1869 (107).

Según Josefina, José del Carmen estaba feliz de regresar con ellos, y pronto se convierte en una ayuda fundamental en su sobrevivencia, cazando animales para alimentarlos. En tal sentido, la narración de Josefina nos abre una ventana sobre la cotidianidad de las familias que huyeron de la ciudad y vivieron por tanto tiempo solas: los utensilios que fabricaban, los animales que comían y los productos que guardaban. Es decir, nos hablan de la cultura material, que como dice Ismael Sarmiento, se creó en la manigua.

Finalmente, después de casi tres años de estar en la manigua, Don Risco y su familia deciden entregarse a las autoridades españolas. Poco después embarcan para los Estados Unidos. Llegan primero a la Florida y más tarde a Nueva York, donde vivía la madre de ella. Allí crecerán sus hijos. Don Justo adquirirá la ciudadanía norteamericana y después del «Pacto del Zanjón,» en 1878, regresará a Cuba donde muere en 1891 a la edad de 65 años, en Puerto Príncipe. Josephine T. del Risco morirá dos años después, en 1893, en la ciudad de Brooklyn, NY, a la edad de 60 años. Su hija, Josefina, a quien llaman «Chicha» en la narración, se había casado en la misma ciudad en 1890 y morirá más tarde en 1932.

Con este libro quiero llamar la atención sobre la importancia de la memoria, los testimonios y los recuerdos personales de la Guerra de Independencia de Cuba, que por lo general se interpreta en los marcos estrechos del nacionalismo cubano, aunque en ella participaron de forma decisiva muchos otros que no lo eran. Este es el caso de Lila de Luáces y Josephine del Risco, dos estadounidenses que dejaron sus memorias por escrito con el fin de que los traumas de la guerra no fueran olvidados. Al igual que otros hombres que dejaron para la posteridad sus recuerdos, estas mujeres escribieron sobre su experiencia en Cuba con el objetivo de que no se olvidaran los sufrimientos por los que pasaron los separatistas a manos de los españoles. No son narraciones que hablan del heroísmo sino de la pobreza, el miedo y la muerte. Revelan las ambigüedades de estos sujetos, a caballo entre dos países, dos lealtades, que sin embargo no evitaron que se pusieran al lado de los cubanos. En especial, creemos que los recuerdos de Josephine le brindan al lector una perspectiva íntima, fresca y al mismo tiempo dramática, de un grupo del que poco se habla, ya que no fueron los héroes que participaron en los combates, sino las mujeres y niños que se quedaron en los montes, esperando a que terminara el conflicto.

Obras citadas:

Assmann, Aleida. *Cultural Memory and Western Civilization*. Cambridge: Cambridge University Press, 2011.

Barnet, Miguel. *Biografía de un cimarrón*. La Habana: Academia de Ciencias de Cuba, 1966.

Beverley, John. *Testimonio: on the Politics of Truth*. Minnesota: University of Minnesota Press, 2004.

Camacho, Jorge. *Amos, siervos y revolucionarios: la literatura de las guerras de Cuba (1868-1898). Una perspectiva transatlántica*. Madrid: Iberoamericana /Vervuert, 2018.

Cento Gómez, Elda. *De la primera embestida. Correspondencia de Ignacio Agramonte (noviembre 1868-enero 1871)*. La Habana: Editorial de Ciencias Sociales, 2014.

Cepero Bonilla, Raúl «En Guiámaro no se emancipó al esclavo». *Escritos históricos*. La Habana: Editorial de Ciencias Sociales, 1989. 99-112.

«Céspedes inmoral y bígamo». *El Moro Muza* 16/6/1870: 301.

De Luáces, Lila Waring. «Atrocities in Cuba. Narrative of a former resident within the insurgent lines. Inhuman treatment of Cubans by the Spanish authorities». *The New York Tribune*. 16 de December, 1871: 4.

Diccionario enciclopédico de la historia militar cubana. 2 vols. La Habana : Ediciones Verde Olivo, 2004.

Foucault, Michel. *Language, Counter-Memory, Practice: Selected Essays and Interviews*. Ed. Donald F. Bouchard. Ithaca: Cornell UP, 1977.

Loret de Mola, Melchor. *Episodio de la Guerra de Cuba: El 6 de enero de 1871*. Puerto Príncipe: Imprenta la Luz San Digo, 1893.

«Los que hoy libertad proclaman». *El Moro Muza* 21/11/1869: 64

Martí, José. «Atrocidades en Cuba». *Obras Completas. Edición crítica*. Vol. 21. La Habana: Centro de Estudios Martianos, 2008. 436- 449.

Mosch, Georg. *History of Autobiography in Antiquity.* New York: Routledge, 2014.

Perpiñá, Antonio. *El Camagüey, viajes pintorescos por el interior de Cuba y por sus costas*. Barcelona: liberaría de J. A. Bastinos, 1889.

Rebello, Carlos. «Estados relativos a la producción azucarera de la Isla de Cuba», en *Los Ingenios: colección de vistas de los principales ingenios de azúcar de la isla de Cuba.* Justo Germán Cantero; (ed.) Luis Miguel García Mora; Luís Miguel García Mora. Madrid: Fundación Mapfre Tavera: Doce Calles, 2005.

Rodríguez, Eva Adán. *Hojas de Recuerdos*. Prólogo Gonzalo Aróstegui y del Castillo. Epílogo de Miguel de Marcos. La Habana: Imprenta Molina y Cía, 1935.

Rodríguez Expósito, Cesar. *Índice de médicos, dentistas, farmacéuticos y estudiantes en la Guerra de los Diez Años*. La Habana: Ministerio de Salud Pública, 1968.

Sarmiento Ramírez, Ismael. *El ingenio del mambí*. 2 vols. Santiago de Cuba: Editorial Oriente, 2008.

Sierra Madero, Abel. *Del otro lado del espejo: La sexualidad en la construcción de la nación cubana*. La Habana: Casa de las Américas, 2006.

Smith, James Bruce. *Politics & Remembrance. Republican Themes in Machiavelli, Burke, and Tocqueville*. Princeton: Princeton University Press, 1985.

Cronología.

18 de octubre de 1826. Nace Justo del Risco en Puerto Príncipe, Cuba.

21 de agosto de 1832. Nace Josephine Thompson en Nueva York.

1838. Nace Eliza H, Waring en Nueva York.

13 de octubre de 1852. Josephine y Don Justo del Risco contraen matrimonio.

2 de agosto de 1853. Florence, la hija de Josephine y Don Justo del Risco es bautizada en Nueva York. Muere más tarde.

24 de abril de 1856. Josephine llega a Nueva York procedente de Nuevitas, Cuba, en el barco Anita Owen.

19 de diciembre de 1856, Don Justo del Risco registra su título de doctor en la Universidad de la Habana.

26 de mayo de 1858. Josephine y Don Justo llegan a Nueva York procedente de Nuevitas, Cuba, en el barco C. W. Ring.

29 de octubre de 1863. Emilio Luáces y Eliza H. Waring contraen matrimonio.

27 de febrero de 1866. Nace Josephine del Risco en Puerto Príncipe, Cuba. Le llaman afectuosamente «Josei» o «Chicha».

5 DE FEBRERO DE 1868. El gobierno de los Estados Unidos extiende un pasaporte a nombre de Josephine Thompson del Risco.

10 DE OCTUBRE DE 1868. Comienza la Guerra de los Diez Años en Cuba.

4 DE NOVIEMBRE DE 1868. Alzamiento independentista en la provincia de Camagüey.

11 DE FEBRERO DE 1871. Después de casi tres años de esconderse y huir por los montes, Josephine y su familia abandonan Camagüey y se marchan a La Habana.

7 DE ABRIL DE 1871. La familia Del Risco llega a Nueva York procedente de Cayo Hueso.

13 DE OCTUBRE DE 1873. Don Justo del Risco adquiere la ciudadanía norteamericana.

15 DE SEPTIEMBRE DE 1883. Arthur del Risco muere en Nueva York.

17 DE NOVIEMBRE DE 1885. Néstor Ponce de León manda a la Secretario de Gobierno de los Estados Unidos, Thomas F. Bayard, el viejo pasaporte de Don Justo junto con cinco dólares para uno nuevo.

OCTUBRE DE 1887. Josephine comienza a escribir sus «Reminiscences of the Cuban insurrection».

2 DE JULIO DE 1889. Josephine termina de escribir sus recuerdos de la guerra.

8 DE OCTUBRE DE 1890. La hija de Josephine del Risco se casa con Henry Grant Buswell en Nueva York. Tienen cuatro hijos. Muere el 11 de julio de 1932 en Olmsted, Minnesota, a la edad de 66.

9 DE ABRIL DE 1891. Muere Don Justo del Risco.

31 DE JULIO DE 1893. Josephine T. del Risco muere en Brooklyn, Nueva York, a la edad de 60 años.

13 DE AGOSTO DE 1897. Muere Eliza H Waring.

Atrocidades en Cuba

Narración de un recién llegado de las filas insurrectas. Trato bárbaro de los cubanos por las autoridades españolas. La siguiente relación de la manera con que a los cubanos tratan las autoridades españolas de Cuba es debida a la Sra. Lila Waring de Luáces que, a la par que su esposo el Dr. Luáces, ha estado encargada durante 2 años de los hospitales de la Insurrección. Aunque la Sra. Luáces está en América desde la última primavera, el temor de comprometer aún más la salvación de su esposo que quedaba en Cuba, ha dilatado la publicación de estos sucesos. Sin embargo— destruidas sus fincas y exaltados los ánimos contra Luáces de un modo tal que en nada puede perjudicarle que vea la luz la carta siguiente, nos prestamos gustosos a insertarla en nuestras columnas.

—

Al Editor de *The Times*

Señor:
La familia de Manuel A. Acosta estaba el 8 de abril de 1869 en una choza escondida entre los bosques q. se extienden en las orillas del Cauto (Cuba). Al alejarse de esa choza el infeliz padre en aquel aciago día, cayó en manos de algunos voluntarios que lo atravesaron con sus bayonetas y lo llevaron arrastrando a su casa. Al verlo bañado en sangre, su esposa, sus hijos y sus hermanas volaron a socorrerlo; pero los españoles indiferentes a su dolor y a las súplicas penetraron en la cabaña donde encontraron a los hermanos Grant, – yerno uno de ellos de Acosta y colocando a estos hombres y a la familia toda en el centro de la columna emprendieron viaje p. Bayamo.

— Fuera inútil hablar del tratamiento de los prisioneros en el camino, ni de los epítetos con que aquella brutal soldadesca ofendió a las sensibles señoras. Al llegar a Cauto del Embarcadero, la sangre brotaba de las heridas de Manuel, y los insolentes dicterios que dirigían a las Sras. de aquella pobre familia, exacerbaban los sufrimientos de sus heridas. Aquellos salvajes y allí consumaron la obra de asesinar al anciano, y arrojaron al río su cadáver. Presa su esposa de la desesperación, intentó varias veces arrojarse al agua –sin que pudiera lograrlo. Y los españoles condujeron a los hermanos Grant detrás del Cementerio –y allí fueron inmediatamente fusilados.

En agosto del mismo año, el general Máximo Gómez sorprendió a los españoles en Baire –jurisdicción de Jiguaní– les obligó a retirarse a sus trincheras, rescató a varias familias, e incendió a la población. Cuando Gómez se retiró, los españoles asesinaron a 4 personas del país escondidas entre aquellos escombros.

En setiembre, las tropas españolas de Maniabón (Holguín) se retiraron a Puerto del Padre, y quemaron sus casas, y mataron a todos los prisioneros que tenían con ellos, y decapitaron a siete mujeres y cinco niños.

En octubre, los españoles atacaron a Ramón –Santiago de Cuba– y asesinaron a los enfermos encerrados dentro del hospital y fueron quemados vivos.

En noviembre, 40 soldados de caballería atacaron el Mijial (Holguín), e hicieron 20 prisioneros. Entre estos estaban Carlos Téllez, abogado, y Antonio Infante, labrador –que tenían sacados los ojos– y fueron fusilados con los demás.

En diciembre, un hombre de apellido Araujo, administrador de un banco en Trinidad, propuso en una sesión del Casino Español el exterminio de todos los cubanos sin distinción de sexos ni edades, inclusas las mujeres y los niños de sus familias, debían ser degollados.

— La proposición fue recibida con aplausos. En enero de 1870, cuando comenzaron la marcha que concluyó con su derrota por Jordan[4] en la Mina, las tropas de Pueyo[5] hicieron prisionero a Francisco Alonso Ramos, de 70 años de edad. Atáronle las manos unidas a los pies

---

4   Thomas Jordan (Virginia, 1819- New York, 1895) fue a Cuba después de pelear en México y en los Estados Unidos, donde alcanzó el grado de teniente coronel del Ejército Confederado. En Cuba llegó a ser mayor general.

5   En su traducción, Martí identifica este personaje como Pueyo, quien era un general del Ejército Español. En el periódico se lee «Puella».

por detrás, haciendo un círculo de su cuerpo, y en esta posición lo colgaron de un árbol por sus muñecas, y así lo tuvieron toda la noche. El día siguiente lo acabaron a machetazos y dejaron su cadáver insepulto.

En abril siguiente, Narciso Tamayo, de Sierra Maestra, escribía lo siguiente:

«Después de haber visto matado a mis tres hermanos. Los españoles asaltaron el campo en que mi familia vivía. Las primeras noticias que llegaron hasta mí me hicieron creer que solo habían matado a mi padre y a mis hermanos Juan, Pancho y Gavino, pero últimamente he sabido que nadie escapó. Mi madre y mis hermanas fueron también asesinadas por estos infames».

En mayo, los españoles del campamento Las Parras (Camagüey) sorprendieron una choza en los bosques. Sabían que un patriota había estado en ella recientemente, y como no pudieron encontrarlo, saciaron su rabia en una mujer que hallaron allí y en su niño de algunas horas de nacido.

Salvador Cuevas, de Villaclara, con fecha 20 de enero [de] 1870, escribe así: «Vivían en un rancho en Arroyo Blanco los pacíficos ciudadanos Pastor Figueredo y Antonio León, de 70 años los dos, y con ellos Caridad, hija del primero, y sus hijos Juan, de 20 años, Leonila y José Celestino, más jóvenes –Santos Medina, Ramon de León y otros dos niños. Los soldados los sorprendieron al oscurecer; Medina y Juan escaparon después de una rudísima lucha, con tres heridas aquel de bayoneta en el pecho y brazo, y con cuatro Juan; Ramón de León pudo internarse en los bosques, y los bárbaros españoles ataron a doña Caridad y a los dos viejos y los quemaron vivos en la choza. La luz del día siguiente alumbró sus cuerpos carbonizados.

«Las atrocidades que esos salvajes cometen son más horribles cada vez. Encontraron en enero a la esposa de Nicolás Quirino,[6] prefecto de Seibabo, y su hijo, de 12 años de edad. El muchacho procuró correr, pero su madre le detuvo, pensando que el hecho de evitar ella misma que se escapara, y su edad, le salvarían de la furia de aquellos tigres.

Pero, en medio de sus lágrimas y ruegos, rompió el cráneo del niño una bala, y cuando cayó en los brazos de su madre, se arrojaron sobre ella, lo arrastraron de su lado, la amenazaron con la muerte si se movía, y ante sus ojos mutilaron a su hijo con horrible obscenidad, y ante ella lo mataron al fin a puñaladas».

---

6 En el testimonio de Luáces se lee: «Chirino».

En julio [de] 1870, el traidor Lolo Benítez a la cabeza de una partida de voluntarios atacó a Rito, en Jiguaní, y capturó 29 prisioneros. Y dos eran viejos–y dos estaban enfermos–y los demás eran mujeres y niños;–y fueron asesinados– y sus cuerpos fueron impíamente mutilados.

En noviembre del mismo año, después de un encuentro entre los españoles y los cubanos en La Aguada (Tunas) capturaron aquellos a los pacíficos ciudadanos Macías y Manuel Fornes, ajenos completamente a la revolución. Con estas víctimas añadieron los españoles a su crueldad la más espantosa blasfemia. Representaron con los prisioneros la sagrada tragedia del Calvario: colocaron en sus frentes coronas de espinas; cargaron sus espaldas flageladas con la cruz, y los crucificaron al fin!

En octubre de 1870, muy poco tiempo después de los asesinatos de los Caballero y los Molina, sorprendió una columna a Manuel Montejo, tranquilo y respetable anciano de 80 años y al joven Francisco Benavides, en San Severino, finca del Sr. Montejo, distante tres leguas del Guasimal, lugar fatídico del asesinato de los Molina.

Con el Sr. Montejo estaba su hija, encantadora joven recién casada. Cuando llegó la columna, los hombres fueron arrancados de la casa, y el anciano –que estaba muy enfermo– fue colocado en una silla.

Rodeó la joven con sus brazos el cuello de su padre, y aseguró al jefe de las fuerzas que él había intentado presentarse mucho tiempo hacía, pero que se sentía tan débil y tan extenuado que no había podido hacer su viaje al campamento. Hablaba a fieras la desventurada joven. Levantó uno la culata de su fusil, y se lanzó con él sobre el anciano; y cubrió ella con su cuerpo el cuerpo de su padre, y le ocultó en su seno la cabeza, y recibió en su espalda el golpe bárbaro que lo hubiera hecho morir. Su inmenso amor fue vano. La arrastraron de allí violentamente, ataron las manos de Montejo, Benavides y un mulato de la finca, los llevaron a unas cien varas de la casa –y a puñaladas y a bayonetazos dieron fin a su vida– y colocaron el cadáver del mulato en cruz sobre los otros dos cadáveres –y volvieron a la choza– y dijeron a la desolada, a la abandonada, a la tristísima hija– ve, si quieres, –y entiérralos –Y ella fue. Y los abrazó. Y los enterró.

En los primeros días del último enero, la Sra. Agüero, con sus hijas Leocadia y Clotilde, de 18 años aquella y 15 esta, vivían una vida retirada en su ingenio La Gloria, distante unas cuatro leguas al Este de

Puerto Príncipe, en el camino de Sibanicú. La Sra. Agüero, célebre por la hermosura con que engalanó la naturaleza los días de su juventud, conserva aún no muy comunes encantos. Bondadosa, atenta, perfectamente educada y hermosa todavía, es una de esas bellísimas mujeres que hacen tan justamente orgulloso al Camagüey. Pero la belleza extraordinaria de sus hijas, y de Clotilde especialmente, oscurece cualquier otro astro del cielo de las bellezas cubanas. A un cutis que a la nieve ha robado su espléndida blancura, y a la riqueza prodigiosa de unos cabellos que hacen dudar si aún tiene rayos de oro el sol, ha unido la Diosa del Contraste unos ojos que han compartido con la noche su negra brillantez. Y son sus formas tan perfectas como es hermosa su faz.

Una columna de españoles al mando del Brigadier Fajardo, el mismo miserable que reemplazó Morales de los Ríos en Sancti Espíritus, llegó a La Gloria. Venían a llevar a las dueñas de la casa a Puerto Príncipe, y les mandaron que subiesen en la delantera de las sillas en que montaban los soldados. El dolor de aquellas dulcísimas criaturas subleva y acongoja. Subir ellas, allí, en brazos de aquella infame y asquerosa soldadesca? –¡No!– Las mujeres cubanas quieren antes morir. Declararon que estaban prontas a ir a pie a Puerto Príncipe.

Y por el árido, rudo, pedregoso camino, confundidas entre aquel montón de todo lo execrable y repugnante, impíamente insultadas, sacrílegamente mofadas, anduvieron, se esforzaron, se arrastraron cinco o seis millas aquellas hermosas e indefensas criaturas. Y distaba aun el Príncipe seis millas más. Y a esta distancia, pregunto ásperamente Fajardo por qué no adelantaba más la columna. —Qué... es eso? Por qué no andáis más aprisa? Alguien le dijo que la columna marchaba al paso que caminaban las señoras que no habían querido subirse con sus soldados a caballo.

¡Que! exclamó. ¿No han querido montar con los soldados? ¿No han querido? –¡Alto la columna!– ¡Vayan corriendo 10 o 12 a la manigua! –¡corten una docena de cujes!–¡apaléenlas! –que yo las azotaré hasta que obedezcan!– Un hombre –¡quizás pensaba en su madre o en su hermana!– se apeó, y acercándose respetuosamente a la Sra. Agüero, con la cabeza descubierta, le dijo:

— Señora, suplico a Vd. que se conforme con la orden del jefe, por repugnante que sea, porque lo conozco bien, y sé que siempre hace, cuando puede, lo que dice que hará.

Callaron las señoras, y subieron. Y entraron en Puerto Príncipe, sentada cada una delante de uno de aquellos miserables, que las manchaban con el aliento de su crueldad –que las rodeaban con su brazo impuro. El dolor fue demasiado grande para la hermosa Clotilde. Al llegar a Puerto Príncipe, la parte más baja de su cuerpo era presa de la parálisis, y el Dr. Risco[7] que aguardaba su llegada, desesperaba de que pudiese volver nunca a su pasada agilidad.

Rafael Varona había servido en la Caballería a las órdenes de Ryan,[8] y cuando este dejó la Isla fue designado para el mando del cuerpo. Al tiempo de su captura, estaba de visita en un rancho que se había construido en los bosques, donde se ocultaban algunas treinta señoras, –tres de ellas hermanas suyas, –y muchos niños. Guiado por algún traidor, un cuerpo de españoles, dividido en dos columnas llegó hasta el rancho y lo rodeó. Varona conoció que había llegado el momento decisivo para él; pero montando su revólver, salió a encontrar a los crueles tiranos de su patria. Las mujeres y los niños caían desmayados. La bala de un fusil se sepultó en la cabeza de Varona. Apoyado sobre una rodilla, disparó seis tiros de su revolver e hirió con ellos dos hombres. Tan pronto como concluyeron los tiros de su arma, se arrojaron sobre él los españoles, y concluyeron de asesinarle a puñaladas. No podían, sin embargo, identificar su víctima, y arrastrando a una de las señoritas–María Aguilar hacia el cadáver, la amenazaron con la muerte si no declaraba el nombre del que acababa de morir. Ella dijo que era de Holguín, –que a nadie conocía en aquella jurisdicción, y que ignoraba completamente lo que le pedían que confesase. Uno de los movilizados se acercó al cuerpo, y lo reconoció como el cadáver de Varona. Grande fue la exaltación entre los salvajes. Se apoderaron de todas las mujeres y los niños, las pusieron en las filas, y atando entonces por los tobillos el cuerpo de Varona a la cola de uno de los caballos, lo arrastraron en todas direcciones rápida–vertiginosamente, ante todos, ante sus tres hermanas que estaban entre las tristes prisioneras. En una de las carreras del caballo, el cadáver tropezó contra el tronco de un árbol, y el Comandante dijo

---

7   Justo del Risco.
8   Albert Claudio Ryan Washington (1843-1873) nació en la ciudad de Toronto, Canadá y emigro de niño con sus padres a los Estados Unidos. Luchó en la Guerra Civil, en el lado del Norte, y fue a Cuba en 1869. Peleó en la provincia de Camagüey bajo las órdenes del General Thomas Jordan. Fue tomado prisionero en 1870, y ejecutado con otros mambises. Alcanzó el grado de Coronel del Ejército Libertador (*Diccionario* 329).

al bárbaro conductor:—»Apóyate en los estribos, y tira bien de él.»—Y con gran contentamiento de los salvajes, la cabeza de Varona se separó prontamente del cuerpo, y sus sesos quedaron estampados en el tronco del árbol.

Ni en tierra ni en edad alguna ha inventado la crueldad humana medio más horrendo de matar que aquel con que pusieron fin a la vida de Manuel García. Era su crimen administrar el ingenio Triunfo—perteneciente a la familia de los Guerra, servidores en las filas patrióticas. Fue capturado por una columna de tropas regulares, mientras inspeccionaba las haciendas del lugar. Le llevaron bajo un árbol vecino, y allí le ataron por las dos muñecas las dos manos juntas, sobre la cabeza. Unieron luego a las muñecas un pedazo de cuerda, y atando un extremo a una rama del árbol, amarraron el otro a una estaca. Levantaron previamente al desventurado anciano, de manera que cuando la cuerda estuviese en estado de tirantez, distasen los pies una yarda del suelo. Alzando entonces la cuerda cerca del extremo atado a la estaca, lo levantaron 20 o 30 pies en el aire, y lo dejaron súbitamente caer. Al primer golpe, los dos brazos del anciano se separaron crujiendo de los hombros. ¡La agonía, la inmensa agonía fue espantosa!—Él imploraba que lo matasen, y ellos alzaban y dejaban caer. Y el seguía implorando. Y ellos seguían precipitándolo desde la misma altura. Y el cuerpo del anciano se rompía en pedazos, y aquellos demonios rebosaban en infernal alegría, y empujaban, empujaban y lo dejaban rápidamente caer. Esto duró treinta minutos, y cuando vieron que ya no existía, tomaron estacas de la hacienda vecina y terminaron su obra apaleándolo.

La familia de Mola, es –o era– de las más ricas del Camagüey. Era de aquellas familias de que «todos los hijos son bravos, y todas las mujeres son hermosas». Los hombres por su experiencia, arrojo, – actividad, y costumbre en las rudezas de la vida– son sin disputa modelo de salud y virilidad. Y las mujeres, amables, atentas y de sorprendente hermosura, –el orgullo de Puerto Príncipe y Camagüey.

Todos los hombres de esta familia se unieron a la Revolución apenas apuntaban sus albores;–y todas las mujeres han dado la decisión de su entusiasmo y la firmeza de su alma al patriótico movimiento, –imagen perfecta de nuestras más nobles mujeres de 1776. Todos los hijos de esta familia estaban casados, y las dos jóvenes víctimas del último asesinato–Mercedes y Juana Mola, –se distinguían por su educación y belleza, y eran esposas de Melchor y Alejandro Mola. Alejandro Mola, —marido de Juana, —era cojo antes de la Revolución, y recibió un tiro en una batalla que le rompió la otra pierna.

Imposibilitado de evadirse, fue deliberadamente despedazado, rasgado, muerto a pedazos por los españoles. Otro hermano, Gregorio, había sufrido precisamente la misma suerte muy poco tiempo antes. Sorprendido por una gran partida de españoles, su espada se le enredó en las piernas y le hizo caer, cuando iba a buscar su salvación en la fuga—y fue la muerte inmediata a la caída.

Un sobrino de estos, Julio Mola, vivía en una choza en los bosques con su esposa, cerca de Las Palmas, [9] y vivía así porque sus numerosas heridas y la pérdida parcial de la vista le inutilizaban para el servicio activo en la Revolución. Los españoles, al mando del Capitán Obregón, hallaron un día el camino de la choza. Julio Mola no ejercía en vano una incesante vigilancia, y, apenas los distinguió, corrió a ocultarse en los bosques a espaldas de la casa. Obregón preguntó a su mujer donde estaba, y ella le contestó que siendo inútil para servir más tiempo a Cuba, él había intentado presentarse, y solo le había impedido hacerlo el temor a Obregón. Este le aseguró que respondía de su vida, y que desechase, pues, todo temor hacia él.

La esposa fue a buscarlo al bosque. Ven—le dijo. El oficial en jefe me ha empeñado su palabra de que tu vida no corre peligro. Ya tú no puedes servir más a tu país. Vámonos todos.

Mola, su esposa y sus dos hijos fueron conducidos al campamento fortificado español de Las Parras, y en el estuvieron detenidos dos días. Al cabo de ellos, Obregón, violando su promesa lealmente aceptada, o evadiendo por lo menos cumplirla, encargó de los presos al Comandante del fuerte.

Al 3er. día de su presentación, [10] se recibió orden en el fuerte para que todos los que en el estuviesen se dirigieran a Puerto Príncipe. Puestos en camino, y en las cercanías del ingenio Santa Isabel, el jefe español de la columna ordenó que fuesen delante la esposa y los hijos de Mola. Tan pronto como se perdieron de vista, se hizo bajar al prisionero. Entonces y allí mismo no fue su cuerpo al instante más que una masa informe de su sangre y carne dividida, despedazada, rota,

---

9   En el artículo de Luáces se lee: Las Parras.
10 En el artículo original se lee: «on the fifth day after their surrender» (al 5to día de su presentación).

por las armas homicidas. No hubo una sola detonación. Su cadáver quedó insepulto. Sus verdugos entraban en Puerto Príncipe conduciendo a la viuda y a los huérfanos de la víctima.

El inocente niño de Mercedes Mola, a quien los españoles dejaron por muerto en la horrenda barbarie de que hicieron víctimas a su madre, a Juana Mola, y a sus hijos, –me proporciona la relación de este tristísimo suceso.

Juana, viuda ya, y Mercedes vivían en una cabaña en el bosque, cerca del campamento español en Lázaro. Con ellas estaban tres hijos de Mercedes y cuatro de Juana. Melchor Mola –esposo de Mercedes– había sido Prefecto de Caonao, bajo el Gobierno cubano, pero se había retirado del servicio. No había entrado en el ejército por el trabajoso estado de salud, y porque tanto en Cuba, como en París, como en esta ciudad donde se educó, se ha visto siempre sujeto a frecuentes ataques epilépticos. Las señoras no tenían criadas con ellas, y Melchor vivía en una choza pequeña, distancia de una milla de su familia–Lázaro está situado a 12 leguas al O. de Puerto Príncipe, camino de Sancti Espíritus y el campamento español estaba mandado por el coronel Francisco Acosta, un renegado cubano. Este Acosta, el mismo día del asesinato, 6 de enero último, se detuvo en el pequeño rancho de las señoras Mola, al volver de Puerto Príncipe a su campamento, y rogó a Mercedes que empleara para que su marido se presentara toda la influencia de que sabía él disponía. Y aun añadió que no saldría del campamento aquel día, –porque esperaba ver en él a Melchor.

Al caer la noche, varios soldados se presentaron en el rancho, e hicieron abandonarlo bruscamente a las Sras. y sus niñas, exigiéndoles en medio de amenazas que les entregasen todo su dinero y sus prendas. Dijeron las Sras. que ellas no tenían ninguna. Uno de aquellos infames, excitado por la furia al ver contrariados sus designios, desenvainó su espada, y asestó con ella un terrible golpe en las espaldas de Mercedes. Al ver este ultraje sangriento, el niño que me refiere estos hechos se abalanzó a su madre, rogándole que si algo tenía, lo diese, y salvase así su vida.

Mientras tanto, otro de los malvados había tendido a Juana en el suelo. Y entonces, excitados como los tigres por el aroma de la sangre, no hubo más que demonios que asesinaban y ángeles e inocentes que morían. Un golpe que le dividió la cabeza arrojó a Mercedes a tierra, y allí, luchando en su desesperada agonía, fue como tantos han sido, rabiosamente despedazada. Montón informe, masa sanguinolenta fue hallado su mísero cadáver. El pobre niño se envolvió con los pedazos de la que fue madre adorada suya, y la ceguedad de los chacales les hizo ver en el niño herido otro nuevo cadáver. Juana murió con toda la terrible rapidez que Mercedes había muerto. Y aquellas furias destrozaron los cuerpos de cuatro niños más. Y cuando al día siguiente, consiguieron encontrar seis cadáveres, –faltaba en ellos la cabeza de una niña de cuatro años!– trofeo quizás de la heroicidad de aquellas hienas!– ¡Oh! pero aquellos españoles habían adivinado la manera de ser más que tigre feroz, más que hiena aun. Habían adivinado que se podía prender fuego a una choza donde hubiese una niña viva de dos años. Y prendieron fuego, –y celebraban con carcajadas los lamentos de muerte del ángel– y la niña se quemó. ¡Oh! –Se quemó. El niño que me cuenta esto, dice y lo dice siempre:

— Mi hermanita estaba vivita quemada. Acosta confiesa en su carta que oyó hablar de la muerte aquella noche, y oyó desde su campo los gritos de agonía de las mujeres, y vio las llamas de la choza quemada, y fue tranquilamente la próxima mañana a Puerto Príncipe, sin visitar antes el espantoso lugar. El pobre niño, a quien los españoles dejaron por muerto, huyó a los bosques apenas se alejaron. Dice que 2 o 3 veces durante la noche se aventuró a asomarse al camino, por si veía pasar alguien que lo conociese. Encontró por la mañana a un mulato antiguo esclavo de la familia, le relató la terrible historia, y juntos vieron los mutilados cadáveres allí. Llevó entonces el mulato al niño a donde su padre estaba oculto. Melchor Mola, al oír la horrorosa relación, perdió con ella la necesidad de su vida y murió de dolor muy pocos días después.

Mercedes tenía 35 años.

Juana tenía 33.

En sus días de juventud, Mercedes era la mujer más hermosa del Príncipe, y se le llamaba «la bella camagüeyana».

En los primeros días de la guerra, la señora Ana Caballero, opulenta y estimable anciana, de 72 años de edad, vivía con cinco hijos y varias hijas en su ingenio Ingenio Grande a 3 leguas de Puerto Príncipe. No habían sus hijos tomado parte activa en la Revolución, ni civil ni militarmente había ninguno de ellos servido a la República. En junio de 1869, una columna española se presentó en Ingenio Grande, y se apoderó de tres de los hijos de la señora Ana que estaban allí entonces. El jefe de la fuerza dijo que tenía órdenes para llevarlos a Puerto Príncipe, y ninguno de los tres hermanos opusieron resistencia.

— Uno de ellos era perfectamente idiota desde su nacimiento. Los Caballero no llegaron a la ciudad. Fueron degollados y atravesados a bayonetazos, incluso el idiota, en medio del camino. Cuando los cubanos oyeron la noticia del asesinato de los hijos de la señora Caballero, enviaron emisarios a ella rogándole que abandonase su finca y fuese a ocultarse en los bosques. Siguió la desolada madre este consejo y con sus hijos Juan y Manuel y sus hijas se refugió en Santa Ana, hacienda cercana al Príncipe y a legua y media del Guasimal. De sus dos hijos, Manuel se moría de consunción: –apenas podía ya respirar. En octubre de 1870, se envió de Guasimal a Santa Ana un cuerpo de 400 españoles que sorprendió a la familia Caballero. Manuel estaba, por supuesto, en su casa, que ya apenas si podía darse razón de que vivía. Y desgraciadamente también estaba en casa su hermano Juan. Los bárbaros ataron a Juan los brazos delante de su madre y sus hermanas, lo llevaron a unas 200 varas de la casa 300 de los hombres que habían venido del Guasimal –y allí fue fusilado. Manuel había sido sacado de la casa sentado, porque era tanta su debilidad que no podía estar un instante en pie;–y su pobre madre estrechaba con sus manos la cabeza de su hijo moribundo–y la reclinaba en su seno. La guardia compuesta de 15 o 20 hombres dijo a la anciana que tenían órdenes para llevárselo muerto o vivo–Ella les imploró caridad en gracia a su triste condición;–ella les dijo que no le quedaban quizás más que cortas horas de vida;–ella olvidaba que no hablaba con hombres.

— Por los menos, les dijo, déjenme Vds. darle una copa de sopa, porque si no tal vez se me muera en el camino.

A esto al fin accedieron, y cuando entró en la casa a buscar la medicina de la muerte, uno de los villanos apuntó a las sienes de su hijo. La bala entró por la frente, y atravesando la cabeza, salió de ella y fue a sepultarse en el cuerpo de la madre, en el lado derecho del sacrum. Fue a los tres días extraída la bala de la parte superior del fémur derecho por el Dr. Risco, que me proporciona estos detalles.

Cuando la señora Caballero se sintió herida, cayó exclamando: –¡Oh, Vds. me han matado!– No sabía la anciana madre que aquella misma bala había atravesado la frente de su pobre hijo enfermo.

La bala, según el Dr. Risco, era una bala de a onza, y cuando la extrajo, estaba aplastada en sus dos extremos, reteniendo su calibre natural en el centro–Examinándola, descubrió que firmemente adheridos al centro de la bala, y entre los dos extremos aplastados, había pequeños pedazos de huesos humanos. No había la bala interesado hueso alguno en el cuerpo de la Sra. Caballero, pero las partículas del hueso frontal del hijo se habían introducido once pulgadas en el cuerpo de la madre– Cuando al caer exclamó la anciana: —¡Oh, Vds. me han matado! Su exclamación despertó esta respuesta: —Bien empleado te está por estar con los insurrectos.

Por este tiempo, Juan y Romualdo Molina estaban en su hacienda en el Guasimal, a 8 leguas de Puerto Príncipe, en el camino de Vertientes. Con ellos vivían la esposa de Romualdo, una hija de la familia de Mola, cuyos asesinatos han sido ya narrados, y un hermanito de esta, Aurelio Mola, de 11 años.

Una columna española, compuesta de 800 a 1000 hombres, llegó a la finca, y no encontrando a los hombres, llevó a la Sra. Molina a P. Príncipe. Los hombres estaban ocultos en la manigua a espaldas de la casa. Ellos habían construido allí tres chozas de palma, más cercana una que otra a la casa de vivienda de la finca. Un negro les había ayudado a fabricarlas. Corrió enseguida a ellas; –pero ya fuese capturado, ya denunciase a sus amos por la esperanza de una recompensa, el negro les hizo traición. Muy poco tiempo después de la captura de la Sra. Molina, volvieron los españoles acompañados del negro, que los condujo a la tercera choza– y en ella fueron capturados los Molinas y el último de los Mola.

Sus cuerpos fueron hallados al día siguiente; pero tan espantosamente mutilados que era muy difícil reconocerlos. Las partes genitales y orejas de los tres infortunados habían sido cortadas, y en tantos pedazos estaba dividido el cuerpo del niño que solo por sus vestidos se le pudo identificar.

Y en la alborada de la insurrección, antes que ninguno de esos crímenes anteriores hubiera sido cometido, el Sr. Morel, un cubano que vivía a corta distancia de P. Príncipe, envió a su hija, mujer de regular edad, a buscar a la ciudad cierto dinero –que había depositado algún tiempo antes en manos de un español. Cuando la Srta. Morel dijo el objeto de su visita, el español dijo rotundamente que no había recibido ninguna cantidad. Dispúsose ella entonces a volver a casa de su padre;

pero el español, creyendo que era aquella favorable ocasión para librarse del pago de la deuda, se presentó al Gobernador para decirle que tenía razón para creer que la señorita Morel no tenía más objeto verdadero de venir al Ppe. que traer correspondencia de su padre para ciertos auxiliares de la insurrección que aun vivían en la ciudad.

El Gobernador ordenó que le fuese presentada la Srta. Morel, que aún no había dejado el Príncipe, y fue conducida a su presencia. Él ordenó que una mujer la desnudase en un cuarto inmediato, y después que sus vestidos habían sido minuciosamente registrados, hizo que se le pasase revista ante él y una comisión de Oficiales de su Estado Mayor, sin permitirle más vestidos entonces que un camisón.

L. W. DE LUACES
New York, 10 de diciembre de 1871.
(Traducido por José Martí)
«Atrocidades en Cuba»
Carta traducida del *Times* de N. York

Recuerdos De Josephine T. Del Risco.[11]

Recuerdos De La Insurreccion Cubana Del 4 De Octubre De 1868.[12]

Pensando que mis hijos disfrutarían después de muerta sabiendo todo por lo que tuvieron que pasar en su temprana niñez durante la insurrección de Cuba, decidí escribir algunas notas de lo que puedo recordar sobre lo que ocurrió en aquel tiempo.

En junio de 1868 nosotros recién habíamos regresado a nuestra casa en Puerto Príncipe después de haber pasado algunos meses en nuestra plantación La Josefina, cuando comenzamos a escuchar rumores de la insurrección, a los que no prestamos mucha atención. Después, cerca del mes de septiembre, nos enteramos que era de hecho realidad que se estaban formando bandas armadas en el campo, las cuales estaban aumentando en número, dado que cada día jóvenes dejaban la ciudad para unírseles. Nosotros conocíamos a muchos de estos jóvenes que eran hijos de las primeras familias de Puerto Príncipe.

Llegaban noticias por parte de diferentes amigos constantemente, y finalmente escuchamos que estaban a punto de entrar en la ciudad. En el caso de que hicieran su entrada por la noche, las personas serían avisadas mediante el toque de las campanas de la iglesia. La ansiedad y la consternación eran tales en la ciudad que cualquier ruido extraño causaba alarma, y los golpes de las ventanas y los portazos se podían oír por todas partes. Por último, el gobernador empezó a arrestar a

---

11   En el manuscrito se lee a continuación: «Comenzado el 17 de octubre de 1887. Finalizado el 2 de julio de 1889. Brooklyn.»

12   Carlos Manuel de Céspedes declaró la independencia de Cuba el 10 de octubre de 1868. En Camagüey los independentistas se alzaron el 4 de noviembre de ese mismo año.

los hombres más prominentes de la comunidad, siendo el primero de ellos el doctor Manuel Ramón Silva que vivía enfrente de nosotros. Al día siguiente (domingo), mi esposo, el doctor Justo del Risco había estado afuera visitando a algunos pacientes antes del desayuno. Cuando se estaba bajando del carruaje al regresar a casa, dos oficiales se aparecieron y dijeron que el gobernador deseaba hablar con él, por lo que les pidió que esperaran algunos momentos hasta que él se cambiara de ropa. Como se negaron, entró en la casa diciéndonos a su madre y a mí que se lo llevaban prisionero. Al escuchar esto, enseguida tomé la decisión de acompañarlo y me monté en el carruaje en el cual nos llevaron hasta el cuartel Las Mercedes donde encontramos un grupo de otros caballeros que también eran sospechosos de prestar ayuda y alentar a los insurgentes.

La población estaba indignada por el hecho de que el gobierno estaba tomando prisioneros a tantos hombres influyentes. Un español que se llamaba Fortún y que estaba casado con una cubana y se llevaba bien con los cubanos, viendo el efecto que esto estaba causando, fue a ver al gobernador y le aconsejó que los dejara en libertad inmediatamente, lo cual hizo al día siguiente. Unas pocas horas después, mi esposo salió a caballo para dar un corto paseo, cuando una señorita amiga lo llamó al verlo para decirle que había oído que lo iban a arrestar de nuevo. Al escuchar esto regresó inmediatamente a casa para organizar la salida con toda la familia a nuestra plantación La Josefina que quedaba a cerca de treinta millas de [Puerto] Príncipe,[13] y donde se estaban preparando para instalar un motor de vapor que había llegado recientemente de los Estados Unidos. De modo que después de dejarle la llave de nuestra casa a nuestra amiga Doña Ángela Guerra, le dijimos adiós rápidamente esperando regresar al final de la temporada de molienda. Como la línea de tren había sido parcialmente destruida por los insurgentes, nos vimos forzados a ir en nuestros carruajes. Nuestro grupo consistía en mi esposo, su madre, nuestros tres niños, Justico, Arturo y Chicha, la señorita L Simoni, Ella Agramonte,[14] yo y algunos sirvientes.

Tan pronto como quedó instalado nuestro motor y la plantación en buenas condiciones de funcionamiento, quisimos construir una casa

---

13   Ciudad principal de la provincia de Camagüey.
14   Puede estarse refiriendo a la esposa de Eduardo Agramonte Piña, primo de Ignacio Agramonte, quien era Coronel del Ejército Libertador y murió en combate en 1872.

que fuera apropiada para una familia grande y ya habíamos pedido que nos mandaran algunos modelos de Nueva York para poder escoger. Como la cabaña que ya estaba allí se quedaba prácticamente pequeña para nuestra propia familia, no queríamos llevar a nadie con nosotros, sabedores que los huéspedes no tendrían el espacio que nosotros desearíamos ofrecerles. Sin embargo, como Simoni y Agramonte se habían unido a las bandas insurgentes, no pudimos hacer oídos sordos a los ruegos de sus esposas para que las lleváramos con nosotros, dado que de esa forma ellas esperaban tener la oportunidad de ver a sus esposos, lo cual no hubiera sido posible de otra forma. De modo que todos partimos, ignorando cuántas penalidades nos aguardaban y que pasarían casi tres años antes de que volviéramos a entrar por la puerta de nuestra casa, para entonces encontrar que habían saqueado nuestros armarios y closets, y robado las cosas de más valor.

Napoleón Arango, [15] quien había sido escogido comandante en jefe de las fuerzas insurrectas (lo que era desconocido para el Capitán General), fue al pueblo a entrevistarse con Balmaseda.[16] El resultado fue un acuerdo entre ellos que consistía en que Arango debía regresar a donde estaban los insurgentes y esforzarse en hacer valer su influencia para que abandonaran la idea de un movimiento revolucionario. En caso de conseguirlo, el Capitán General, por su parte, daba su palabra de extender a los cubanos las ventajas y los beneficios de todos los privilegios que habían sido otorgados a España, anunciados en el Boletín del Gobierno. Habiendo acordado esto, Arango regresó a Las Minas, un pequeño pueblo que estaba a alrededor de media milla de La Josefina, donde estaban reunidos los hombres principales de la revolución, de los que cuatrocientos mantuvieron una reunión masiva en las instalaciones del ferrocarril con el objetivo de reportar su entrevista con el Capitán General para que pudieran considerarla, y determinar qué debía hacerse. De este modo, pasaron la noche en acaloradas discusiones, y tras debatir sobre la situación, finalmente decidieron que no había otra alternativa que luchar por la independencia de Cuba.[17]

---

15 Napoleón Arango Agüero era el jefe de la insurrección en Camagüey. Su hermano, Augusto Arango Agüero, era General del Ejército Libertador.
16 Blas Diego de Villate y de la Hera (II conde de Valmaseda y I marqués de Velada). Nació en 1824 y murió en Madrid en 1882. Fue gobernador de Cuba en tres ocasiones (1867, 1870-1872, and 1875-1876). Estuvo a cargo de las operaciones militares en las provincias de Camagüey y Oriente.
17 La reunión se llevó a cabo en «Junta de Minas,» o «Paradero de Minas», dado que esta-

Junto con la propuesta del gobernador a los cubanos, el comandante en jefe Balmaseda les quiso decir que, si ellos no accedían a los términos que se les ofrecían, él mismo cruzaría por la línea del ferrocarril al próximo día y destrozaría todo lo que encontrara a su paso. Como la línea del tren pasaba directamente por nuestros campos de caña, sabíamos que no tendría compasión de nosotros, de modo que tan pronto como escuchamos la decisión de los cubanos, empacamos inmediatamente nuestras ropas. Algunos de nosotros íbamos montados en el carruaje y otros en una yunta de buey. Así salimos para El Navío, la plantación de Melchor Bernal,[18] que estaba a unas cuatro o cinco millas de distancia. La familia no estaba allí, pero su hijo Fernando nos recibió cordialmente, y pronto nos sentimos tan cómodos como era posible en aquellas circunstancias. El próximo día, fiel a su palabra, Balmaseda partió con sus tropas para el puerto de Nuevitas, pero cuando estaba muy cerca de La Josefina, se encontró con un puñado de cubanos, no más de cincuenta en número, quienes después de algunas horas de lucha, le hicieron frente a Balmaseda. Éste, alicaído y dejando sus muertos y heridos atrás, abandonó la línea del ferrocarril y se fue en otra dirección. Ese día escuchamos los estallidos del cañón, por lo que fue un día muy triste y lúgubre para nosotros.[19]

Nos quedamos en El Navío cinco meses sin abandonar nunca la plantación, excepto una vez que fuimos a la colindante a ver a algunos amigos. Mientras tanto, a menudo albergábamos a las tropas cubanas en números que oscilaban entre veinte y trescientos. Algunas veces los heridos eran traídos a El Navío para que pudieran tener el cuidado y la atención del Doctor, cuya salud era pobre, pero que siempre que podía estaba en su puesto de trabajo listo para aliviar a los enfermos y a los que tenían dolencias.

La señora Simoni y la señora Agramonte todavía nos acompañaron hasta enero, cuando la señora Simoni escuchó que habían tomado pri-

---

ba cerca de un lugar llamado Las Minas, en Camagüey el 26 de noviembre de 1868. En esta reunión Napoleón Arango no pudo encontrar apoyo para su plan reformista. Ignacio Agramonte y Loynaz argumentó que los cubanos necesitaban continuar la guerra con el objetivo de alcanzar la independencia de España.

18 El historiador Cesar Rodríguez Expósito incluye a Melchor Bernal y Varona (1844-1932) entre los doctores que participaron en la guerra ayudando a los mambises (86-87).

19 Es probable que Josephine se estuviera refiriendo al combate de «Cejas de Bonilla» donde el conde Valmaseda se enfrentó a las tropas de Ignacio Agramonte y Agustín Arango.

sionero a su esposo en la ciudad de Morón[20] y que le habían enviado a la Habana. Ella pensaba que podría conseguir el perdón para su esposo yendo a ver al Capitán General en persona, y por eso decidió inmediatamente tratar de liberarlo. Las comunicaciones por ferrocarril con Nuevitas estaban cortadas, de modo que no había otra forma de ir que a caballo, pero ¿quién la llevaría? No teníamos respuesta, porque viajar a cualquier lugar era peligroso, pero ella estaba decidida a ir, por lo que mi esposo decidió mandar a buscar a un joven irlandés, quien él sabía que era de fiar y le debía algunos favores. Le explicó las circunstancias y le pidió si podría acompañar a la señora Simoni a Nuevitas. Al principio dudó, dado que había escoltado a más de una familia a aquel lugar, y los españoles comenzaron a sospechar de él, pero después de hacerle hincapié acerca de la urgencia del caso, finalmente aceptó hacerlo. Pronto preparamos todo para el viaje y temiendo mucho por su seguridad, le dijimos adiós a la señora L. Simoni, [21] quien acompañada por el irlandés de buen corazón, salió hacia Nuevitas para tomar el barco de vapor para La Habana. Previamente le habíamos dado una carta de presentación para el señor Gibbs, [22] el cónsul americano que era amigo, y quien yo sabía que la trataría con toda la atención posible.

Después de llegar a la Habana, obtuvo la recompensa a todas las vicisitudes por las que había pasado al enterarse que su esposo había sido perdonado y ya estaba en esa ciudad donde pronto se reunieron.

La señora Agramonte permaneció con nosotros hasta marzo cuando su esposo vino y se la llevó adonde su madre se estaba quedando con algunos amigos.[23] Por este momento nos informaron que las tropas españolas estaban de camino a El Navío, habiendo estado antes en La Josefina, la cual habían destruido y tomado todo lo que encontraron. Pronto recogimos las pocas pertenencias que teníamos, empacamos nuestra ropa, y nos preparamos para salir huyendo a otro

---

20 Morón es una ciudad de la provincia de Cienfuegos. No conocemos de ningún arresto de Ignacio Agramonte y Loynaz.
21 Es probable que Josephine se estuviera refiriendo a una de las hijas del matrimonio de José Ramón Simoni y Manuela Argilagos: Amalia o Matilde Simoni. Amalia estaba casada con Ignacio Agramonte y Loynaz, y Matilde con Eduardo Agramonte Piña.
22 Richard Gibbs (1819-1894) era el cónsul de los Estados Unidos en Nuevitas en 1868.
23 Amalia Simoni de Agramonte tenía su propia hacienda llamada La Matilde. Ignacio Agramonte y Loynaz comenzó a escribirle cartas a La Matilde el 7 de marzo de 1869. Para más detalles véase su correspondencia con la esposa en el libro de Elda Cento Gómez *De la primera embestida. Correspondencia de Ignacio Agramonte (noviembre 1868-enero 1871)*, p. 112

lugar seguro. Nos acompañaba la familia de Melchor Bernal, que se nos había unido poco tiempo antes. Con la esperanza de asegurarse un poco de confort durante algo de más tiempo, llenaron una yunta de buey con sillas, camitas, utensilios de cocina y muchas otras cosas, y arriba de todas estas cosas, estaban sentados una pobre vieja negra, antigua esclava, y un negrito, hijo de nuestra esclava Guadalupe. Los caminos estaban tan malos que, al momento de cruzar un arroyo grande, la carreta dio un bandazo inesperado y se volcó completamente, tirando al suelo a la pobre vieja y al niño. A pesar de que en aquel momento bajo aquellas circunstancias la situación no parecía ridícula, después de pasar el peligro y estando ya en un lugar seguro, no pude evitar reírme a carcajadas por lo que había ocurrido. Después de cabalgar por algún tiempo, llegamos al potrero (una finca de ganado) de Don Ramón Basulto, quien nos recibió amablemente y nos dio acomodo con el confort que disponía; pero no habían pasado dos o tres días, cuando escuchamos que apenas habíamos dejado El Navío, las tropas españolas llegaron y comenzaron a destruir la casa de vivienda, la casa de azúcar, el motor de vapor, mataron todos los animales que pudieron encontrar, entre ellos dos ovejitas que pertenecían a Justico y a Arturo, y tres gallinas blancas, con sus pollitos que tenían algunos días y que pertenecían a los niños.

«Potrero de la Industria. Los hateros recogiendo briosos caballos».
Fuente: *El Camagüey*, de Antonio Perpiñá.

Al escuchar que los españoles estaban tan cerca y temiendo que pudieran descubrir nuestro paradero (dado que constantemente estaban persiguiendo a las familias insurgentes, tomando prisioneras a las mujeres y matando a los hombres si por casualidad se topaban con ellos), concluimos en no quedarnos donde estábamos sino en ir a otro potrero, que no estaba tan distante, a esperar nuevas noticias de sus movimientos. Nos quedamos en el potrero de Don A. Medrano por la noche, y regresamos la próxima tarde al de Don Ramón Basulto. Pensamos que no estábamos seguros allí, por lo que decidimos ir más lejos. Sin apenas saber adónde nos dirigíamos, finalmente llegamos a una casa vieja abandonada donde pronto arreglamos nuestras camas y después de compartir algunas bananas y carne que nuestros sirvientes prepararon para nosotros, nos acostamos, con la esperanza de estar descansados para el viaje del día siguiente. Había mosquitos y pulgas en abundancia, pero a pesar de todo este fastidio logramos dormir algunas horas. Así las cosas, estábamos listos para continuar temprano a la siguiente mañana. Hacía fresco y el campo estaba tan hermoso que vagamos por el lugar disfrutando nuestra agradable cabalgata, a pesar de que nuestros corazones estaban llenos de tristeza por la situación. Al fin llegamos a una casa donde paramos a desayunar y a que descansaran nuestros caballos. Como nuestro carruaje había sido quemado por los españoles, estábamos obligados a ir a caballo.[24] Todos los que vivían en el campo eran cubanos que se habían declarado a favor de la libertad de la isla, y quienes rápidamente habían dejado la ciudad para unírseles a los esposos, hijos y hermanos. Tomaron lo poco que podían llevar con ellos secretamente. No se podía encontrar ningún artículo de lujo y solo unos pocos de confort, de modo que cuando nos sentamos en la mesa para desayunar, el mantel era una hoja de plátano de tres yardas y medio de largo, y la mesa era la más ancha que había visto antes o después de aquel momento. Lucía tan fresca y hermosa que a nosotros nos gustó bastante la novedad. Después de quedarnos allí durante un tiempo, nos volvimos a montar en los caballos y cabalgando hasta la tarde llegamos a la casa de D. Juan Marín quien nos recibió con amabilidad y nos dio refugio por varios días. Estábamos hablando sobre

---

24 La quema de propiedades fue un hecho rutinario en la guerra. Los insurgentes cubanos también quemaban sus casas y las de otras personas antes de abandonarlas como una tática de guerra y para impedir que cayeran en manos del enemigo.

lo próximo que debíamos hacer, ansiosos de encontrar un lugar donde pudiéramos permanecer permanentemente por al menos un tiempo, cuando escuchamos que los españoles estaban a poca distancia de nosotros. Con toda la premura posible, una vez más recogimos nuestros pocos artículos de necesidad y junto con las familias de Bernal y Marín, sumando en total alrededor de veinte personas, nos dispusimos a encontrar otro lugar de refugio. Pronto llegamos a un río que, aunque estrecho, no era tan profundo, de modo que lo podríamos haber vadeado, pero estábamos con demasiado apuro para parar y quitarnos los zapatos y como no queríamos arruinar los únicos que teníamos, estábamos dudando. En ese momento se adelantó nuestro leal negro Ramón y nos cruzó a todos en sus brazos. Después de cabalgar por varias millas hasta el anochecer llegamos a un rancho donde alrededor de otros cincuenta refugiados como nosotros estaban huyendo de las tropas españolas. Apenas había un lugar para encontrar donde poner nuestras camas que consistían en un serón o alforjas para el Doctor y los chicos, y Mamita Pepa y yo dormíamos por turnos con Chicha (Josei) en una cuna que habíamos podido traer con nosotros. Casi exhaustos de fatiga, nos vimos obligados al amanecer a reanudar de nuevo nuestro viaje con la esperanza de encontrar confort en La Caridad de Vecisa, hacia donde estábamos apresurándonos, ¡pero ay! Cuál fue nuestra decepción y disgusto que al llegar allí encontramos que no solo estaba ocupada la casa principal sino que también todos los ranchos que habían sido construidos en la finca. ¿Qué podíamos hacer? No había otra casa en muchas millas y no teníamos dónde colocar nuestras cansadas cabezas. Haciendo de la necesidad virtud, decidimos hacer una habitación en uno de los extremos de la Cocina colgando sábanas y chales. La Cocina es un cobertizo largo donde cocinan los negros y los trabajadores sobre fuegos colocados entre piedras. Al final de ésta había un aparato para hacer casabe, una especie de torta seca hecha de un vegetal llamado yuca que se usa en lugar de pan. Fue cerca de este aparato que se hizo la habitación en la que estábamos la señora Bernal, su hija América, Mamita Pepa (mi suegra), yo, Arturo, y Chicha. A menudo nos divertíamos escuchando el canto de los negros mientras ellos molían alegremente la yuca, aparentemente inconscientes del sufrimiento que les rodeaba y anticipando sin duda el día en que disfrutarían de la libertad que los cubanos ya les habían dado.

El Dr. con Justico, y Melchor Bernal con sus hijos, dormían en hamacas columpiándose bajo el cobertizo o Cocina y durante el día ocupábamos este lugar como sala de estar, ya que ahora habíamos tomado plena posesión de ella, y solamente se les permitía hacer algún tipo de trabajo allí a aquellos que hacían casabe. De esta manera pasamos algunos días con la esperanza de escuchar que se fuera a desocupar alguna casa a la que pudiéramos recurrir, pero esperamos en vano y finalmente decidimos ponernos un poco cómodos haciendo una habitación de hojas de guano, ya que dormir y vivir al aire libre por más tiempo era insoportable. De este modo le dimos órdenes a nuestros negros (quienes ahora eran libres pero aún permanecían con nosotros) de traer el guano u hojas de palma y pronto Ramón Rufino con José del Carmen y Mateo nos hicieron un apartamento muy cómodo que disfrutamos muchísimo después de vivir al aire libre durante casi dos semanas.

Como nos sentimos establecidos por lo menos durante un tiempo, pronto buscamos alguna manera de ocuparnos y mientras que las otras damas zurcían sus ropas y trenzaban las hojas de palma para hacer sombreros para nuestro uso, me ocupé en darles clases a los niños sus lecciones con sus libros escolares que había traído de la ciudad y que siempre dejé a mano para aprovechar cada momento libre, ya que no sabíamos cuándo volverían a tener la oportunidad de asistir a la escuela y queríamos que estuvieran lo más avanzados posible en caso de que vivieran para ir al Norte. Todos los días dedicaba dos o tres horas a darles clase, pero pronto tuvimos que dejar esto de lado cuando nació nuestra pobrecita M. Louise.

Ahora que los Bernal se habían construido un rancho, teníamos la habitación para nosotros. Estábamos mucho más cómodos solos, pudiendo tener algo de privacidad, pero unos días después que nuestra pequeña querida había nacido, hubo una gran tormenta de lluvia que se coló por debajo de nuestra cama con tanta fuerza que hicieron falta siete hombres para sacar a la pequeña del cobertizo. Sin embargo, a pesar de que el agua estaba debajo de mi cama, ambas agarramos un fuerte resfriado y nos pusimos muy enfermas, muriendo el bebé poco después de tétanos o trismo, lo cual es muy común en Cuba entre los bebés de pocos días de nacidos. El Doctor le mandó hacer a uno de nuestros negros que era albañil una pequeña bóveda en la que se colocó a nuestra preciosa con la esperanza de que Cuba fuera libre algún día y poder llevarla a la Ciudad para ponerla al lado de sus otros hermanitos y hermanitas. Aunque fue un acontecimiento triste para todos nosotros, sabíamos y sentimos que se le ahorró pasar por una gran cantidad de sufrimiento lo cual resultó ser el caso posteriormente.

Permanecimos en Viara unos tres meses con muy poco que nos sacara de la monotonía de nuestra vida, ya que estábamos aislados casi por completo del resto del mundo. Sintiéndonos bastante seguros al no haber escuchado nada sobre las tropas españolas en mucho tiempo, pensamos en visitar a algunos amigos de los Bernal. Su nombre era Marin y escuchamos que estaba en el potrero la Merced de Viara a unas dos leguas de distancia, cerca del océano. Así, montamos nuestros caballos una mañana temprano, felices por el cambio y se presentaba como un día agradable. Yo tenía un caballo ensillado muy bueno que todavía montaba, pero aquel día, se encontraba algo débil por lo que el Dr. me prestó su caballo que tenía por mascota. Era un animal brioso pero muy fácil de montar para una señorita, aunque sólo una de las otras señoritas aparte de mí lo había montado antes. Sin embargo, él se comportaba muy bien y yo estaba orgullosa de su conducta, cuando José Bernal, quien cabalgaba a mi lado me dijo: «No te confíes en exceso con él porque en cualquier momento te puede jugar una mala pasada». Yo no le presté la más mínima atención a este apunte y cabalgué con plena alegría disfrutando del carácter brioso de mi caballo hasta que de repente me vi volando a la velocidad de una milla por minuto. José Bernal, que quería llegar al potrero antes que el grupo para anunciar nuestra llegada, espoleó a su caballo sin decir nada y se puso a toda velocidad. Mi caballo que no se quería quedar atrás hizo lo mismo y arrancó detrás de él. Un joven compañero, advirtiendo el peligro al que estaba expuesta, espoleó a sus caballos para intentar alcanzar al mío, pero lo único que consiguió es que mi caballo fuera todavía más rápido. Yo esperaba que en cualquier momento me tirara o me estrellara contra un árbol al que nos aproximábamos rápidamente, cuando afortunadamente, la montura giró de modo que la pude agarrar y el caballo se quedó quieto de repente. Esto pareció providencial ya que, si hubiera avanzado unos pocos pies más me habría lanzado contra el árbol y me habría matado con casi total seguridad. Para este momento el grupo ya se había puesto a mi altura. El Dr. que tenía a Chicha (quien solo tenía tres años) en el caballo delante de él, no podía ayudarme y su sentimiento se podía imaginar más fácilmente que describir al verme en un peligro tan inminente. No obstante, me recuperé rápido del susto, monté de nuevo mi caballo y llegué poco después a nuestro destino. Como estas personas no habían sido molestadas aún por las tropas españolas, todavía disfrutaban de las comodidades que se nos había privado desde hacía tiempo, pero de las que a su vez estábamos muy contentos de que ellos las tuvieran todavía. El día pasó de manera muy agradable y por la tarde todos nosotros cabalgamos hasta la playa. El océano me parecía imponente después de estar reprimida por tanto tiempo y un sentimiento de terror y una intensa tristeza me sobrevino al pensar en que mis seres queridos estaban tan lejos y la incertidumbre de si los volvería a ver de nuevo.

Nos quedamos por allí resistiéndonos a abandonar este bonito lugar, pero como se acercaba el anochecer, nos volvimos a regañadientes a Merced de Viara donde pasamos la noche y temprano a la mañana siguiente estábamos de nuevo en camino a la Caridad de Viara. Este pequeño cambio en nuestra monótona vida nos dio un mayor deseo de tener un cambio permanente ya que habíamos estado por varios meses en Viara y estábamos completamente cansados de este lugar.

Nosotros no habíamos oído nada sobre los movimientos de las tropas españolas por parte de los cubanos en los municipios circundantes. De hecho, nos sentíamos completamente aislados del resto del mundo y decidimos mudarnos a otro lugar, pero era necesario que uno pudiera salir, hacer un reconocimiento y encontrar un lugar donde no fuera probable que nos molestaran los españoles y donde pudiéramos tener las cosas básicas de la vida.

Aunque el Dr. había estado muy enfermo casi desde que salimos de la Ciudad, ahora empezó a sentirse mejor y se mostraba decidido, con José Bernal, a comenzar la búsqueda de una nueva residencia donde pudiéramos estar cerca de personas de nuestra posición y pudiéramos tener noticias de lo que estaba pasando en la isla. Tan sólo se había marchado por dos o tres días cuando para nuestra sorpresa, la Sra. Bernal y su hija nos informaron que querían salir para Caonao[25] el día siguiente. Nosotros no dijimos nada, pero pensamos

---

25   Caonao era una localidad en la provincia de Camagüey donde había una «prefectura» o campamento mambí, comandado por el padre de Melchor Molet de Mola. Al parecer la familia Bernal se unió a ellos.

que era un acto infame el dejarnos a mi suegra y a mis hijos completamente desprotegidos. Ellas dijeron que debían emprender su marcha temprano a la mañana siguiente y como no querían el sufrimiento de separarse de nosotros porque odiaban decirles adiós a los amigos, esperaban que no nos molestáramos en levantarnos temprano para verlos partir. Como estábamos molestos con su conducta, además de que no queríamos ser molestados tan temprano por la mañana, decidimos quedarnos en la cama ajenos a lo malvado que estaban haciendo. Poco después de que se hubieron ido, Mamita Pepa se levantó y después de salir volvió con gran prisa diciendo que Rafael y Rufina (nuestra cocinera y su esposo) se habían marchado con los Bernal. Esto explicaba que se hubieran marchado durante la ausencia del Dr. y el dolor que sufrirían diciéndonos adiós.[26] Como no tenían ningún criado, decidieron robarnos a los nuestros ofreciéndoles tierras y dinero cuando se produjera la liberación de Cuba. Afortunadamente, nos quedaban otros criados, por lo que llamamos a Guadalupe para que cocinara el desayuno, y cuando fue a por la carne, no había nada. Miramos más cuidadosamente y descubrimos que los Bernal se habían llevado toda la carne, las bananas, el casabe y la manteca y nos habían dejado sin nada que comer. Inmediatamente fuimos a ver al administrador del potrero y le dijimos cómo se habían comportado y le preguntamos lo que podría hacer por nosotros, ya que por aquel entonces no era fácil obtener carne o vegetales. Pronto nos mandó unas pocas bananas y un pequeño pedazo de carne con lo que nos hicimos el desayuno. Conseguimos pasar el día con lo poco que el gerente nos podía dar, pero los Bernal también se habían llevado las velas por lo que no teníamos nada con lo que iluminar nuestra sala de estar (Cocina). Después de acostar a los niños, Mamita Pepa y yo estábamos sentadas en la más absoluta oscuridad hablando sobre la canallada que habían hecho los Bernal cuando escuchamos el ruido de los pies de los caballos y alguien que se acercaba. Cuál fue nuestra sorpresa y felicidad que vimos que era el Dr. al que lo acompañaba un joven amigo, Bernardo Montejo, aunque José Bernal no estaba con ellos. Después de preguntarle por él, dijeron que había venido con ellos a una posada donde se habían parado a refrescarse y a que sus caballos descansaran. El anfitrión le dijo a José que sus padres habían parado allí aquella mañana y que le habían dejado el recado de decirle

---

26   Palabras subrayadas en el manuscrito.

que fuera a un potrero que no estaba a mucha distancia, donde él los encontraría. Ellos estaban asombrados con esa noticia, ya que suponían que los Bernal estaban en Viara, pero José se despidió del Dr. y del joven Montejo y fue a buscar a su familia, aparentemente mucho más mortificado y sorprendido en la parada que habían hecho.

El Dr., como es de imaginar, lleno de indignación por la vulgar ingratitud de Bernal, quien estaba en deuda con él por muchos motivos y quien se suponía que era su amigo, se apresuró hacia Viara y descubrió cómo estaba sola y en la oscuridad. Afortunadamente, habían traído provisiones con ellos, por lo que les preparamos rápidamente la cena y después nos fuimos a dormir ya que teníamos que levantarnos temprano para prepararnos para nuestro viaje de no menos de setenta millas a San Diego, una hacienda donde se estaba quedando Don Carlos Guerra con su familia. Además de ser amigos muy cercanos del Dr., necesitaban sus servicios para una de sus hijas y estaban deseosos de que nos quedáramos con ellos por lo que habló con su joven amigo Montejo para que acompañara al Dr. y le diera todo lo necesario para el viaje excepto los caballos que eran nuestros. Estuvimos ocupados todo el día con los preparativos cuando por la tarde se apareció un negro que era un antiguo esclavo de Melchor Bernal con la cabeza vendada. Éste nos dijo que estaba enfermo y pidió permiso para pasar la noche allí, lo cual consentimos y le dijimos a Guadalupe que le diera lo que necesitara sin imaginar que eso era sólo una treta de su amo para robarnos la única criada que nos quedaba. De este modo, cuando nos levantamos a la mañana siguiente nos dimos cuenta que Guadalupe se había escapado con el negro. Al día siguiente nos la encontramos en el camino con Bernal y su hijo, lo que confirmó nuestra idea de que había mandado al negro para robárnosla.

El número de criados que teníamos se había reducido a dos: José del Carmen y Mateo, con los que empezamos nuestro viaje. Sobre las diez nos paramos en un potrero para descansar un poco ya que habíamos estado cabalgando desde las seis y teníamos bastante hambre. Los dueños del potrero nos recibieron amablemente e inmediatamente nos pusieron un desayuno que nos pareció delicioso dado que hacía tiempo que no habíamos comido otra cosa que no fuera carne o bananas. Lo disfrutamos con ganas y estábamos a punto de ponernos en camino contentados; llamamos a José del Carmen para que nos trajera los caballos cuando, cuál fue nuestra desilusión que, después de llamarlo por bastante tiempo y de buscarle por todos los lados, nunca lo encontramos. Presumimos que había vuelto a Viara donde había dejado a su querida ya que estaba muy enamorado de una joven mulata que vivía cerca de allí. Decidimos que no había nada que hacer por lo que intentamos poner al mal tiempo buena cara y partir sin él, aunque estábamos bastante desconsolados al quedarnos sólo un criado. Sin embargo, esperábamos procurarnos otros cuando llegáramos a San Diego. Comenzamos nuestro viaje cabalgando a través de densos bosques y cruzando ríos que en apariencia eran sólo pequeños arroyos pero que en la época de lluvia crecían y el nivel del agua subía a gran altura rebosando por las orillas hasta el punto que a veces parecían imposibles de pasar. No obstante, en ese momento era la temporada seca por lo que los cruzamos montados a caballo sin ninguna dificultad.

Ya cerca del atardecer vimos a lo lejos una gran sabana y se nos partió el corazón pensando que no encontraríamos ningún lugar de refugio antes de que cayera la noche. Miramos hacia todas las partes con la esperanza de encontrar alguna vivienda y descubrimos una luz, la cual seguimos. Resultó ser un rancho que estaba ocupado por un hombre y su mujer. La mujer había salido a ver a un vecino enfermo, por lo que nos dieron enseguida la única habitación que había. Como estaba totalmente desprovista de muebles, pronto improvisamos unas camas (que eran los serones o las alforjas en que llevábamos las cosas). Después de encender algunas velas de cera que habíamos traído con nosotros, sacamos alguna comida con la que nos habíamos provisto y comimos con ganas. Después de acabar nuestra comida nos echamos en nuestras duras camas que estaban en el suelo sin quitarnos la ropa. Esperábamos descansar un poco después de nuestro pesado viaje, pero sufrimos una gran decepción cuando a las 3 de la mañana nos despertó el pisoteo y el relinchar de los caballos como si algo fuera mal. Con el miedo de que alguien pudiera estar intentando robarlos, el Dr. se levantó apresuradamente y después de salir encontró que tan sólo se trataba de los hombres del rancho que, como era costumbre para ellos, se habían levantado muy temprano y estaban haciendo café o más bien agua con azúcar a modo de café ya que éste era un producto de lujo que raramente se podía encontrar en la «Cuba Libre». Como nuestro sueño se había visto interrumpido y ya estaba casi amaneciendo, el Dr. pensó que era mejor comenzar de nuevo nuestro viaje ya que todavía teníamos que recorrer una larga distancia. Cuando nuestros caballos estuvieron ensillados y todo listo, partimos contentos de dejar ese desamparado rancho. Yo estaba bastante enojada ya que después de cabalgar durante algunas millas me di cuenta que me había olvidado los pendientes porque me sentía incómoda a la hora de dormir y me los quité y los puse debajo de mi cabeza en el suelo; después, con las prisas por salir no me acordé de ellos otra vez. Sin embargo, no tenían mucho valor, más allá del asociado con ellos ya que mi amiga, la Sra. Luáces, [27] que tenía algunos botones del Ejército de los confederados de los Estados Unidos con el águila americana en ellos, en un momento de patriotismo los mandó a un joyero para que les pusiera ganchos de oro y así poder llevarlos en nuestras orejas. Como por aquel tiempo no queríamos portar nada de valor, estos pendientes cumplían con esta finalidad. Por eso me daba pena habérmelos dejado allí, y supongo que la «guajira» que era la señora del rancho se los había encontrado probablemente y se pensaría que eran de oro creyendo de este modo que había descubierto un tesoro.

Aunque seguíamos viviendo en un constante estado de ansiedad, disfrutamos de la tranquilidad y la calma que nos rodeaba mientras que cabalgamos por la mañana temprano, lo cual contrastaba fuertemente con el estado de tristeza de la isla. Deambulamos sin apenas saber dónde estábamos cuando, después de llegar a un rancho, subimos para reconocer el sitio y, cuál fue nuestra sorpresa y deleite que encontramos que estaba ocupada por nuestro amigo Pepe Valdez y su familia (excepto sus hijos que estaban con las fuerzas insurgentes). Ellos también estaban contentos de vernos y nos dieron una calurosa bienvenida a modo de un buen desayuno del que nosotros dimos buena cuenta. Después de charlar un rato les dijimos adiós sin pensar mucho que sería la última vez que veríamos a Valdez, ya que poco después le agarraron los españoles y le dispararon. Paseando nuestros caballos tranquilamente, hacia el mediodía llegamos al potrero de Don Cirilio Morel, donde tomamos algunos refrescos y esperamos hasta que pasó el calor del día para ponernos en marcha de nuevo. Poco después de salir de allí el cielo se oscureció y nos quedamos empapados por una fuerte llovizna. Esto fue bastante molesto ya que no había ningún sitio que sirviera de refugio cerca. Por eso salimos aprisa con la esperanza de encontrar alguna casa donde pudiéramos secar nuestra

---

27   Eliza H. Waring de Luáces (1838-1897). Josephine la llamaba Lila.

ropa y pasar una noche agradable. Los chicos Justico y Arturo se habían puesto en sus sombreros el emblema insurgente de «Cuba Libre». Así, cuando ya era casi de noche, a la vez que continuamos con nuestro camino, Mamita Pepa y yo hablamos del peligro que suponía que las llevaran, ya que en caso de encontrarnos con las tropas españolas, ellos tendrían una prueba contra nosotros. En ese preciso momento -una extraña voz preguntó: -»¿Quién vive?», y un sentimiento de terror nos invadió cuando un hombre subía. No teníamos duda que era un centinela español. Cuando lo siguiente que esperábamos era vernos rodeadas y llevadas prisioneras, esa persona preguntó si sabíamos dónde estaba el Dr. Del Risco, ya que le habían dicho que pasaría por aquel camino ese día. Nosotros dudamos en contestar, pero el Dr. que se había adelantado en la cabalgata con nuestra pequeña Chicha, después de volver su mirada hacia nosotros, vio al hombre y se acercó para ver lo que quería. En ese momento, el desconocido le preguntó que si él era el Dr. Justo del Risco, y para terror nuestro, él contestó que sí. Nosotros esperábamos que un enemigo escondido le agarraría, y quizás le dispararía delante de nuestros ojos, ya que estos actos de cobardía eran perpetrados a menudo por parte de los españoles en presencia de esposas, madres e hijas. Pero felizmente no fuimos condenados a pasar por este terrible sufrimiento, ya que el hombre resultó ser un amigo de Catalina Estrada, quien tenía un hijo muy enfermo y que había escuchado que el Dr. pasaría cerca de su casa y había mandado a esta persona para que le viera.

Como era un caso de vida o muerte, el Dr. no podía negarse a ir con el hombre. Cuando él se volvió, nosotros caminamos lentamente sintiéndonos ansiosos hasta su regreso, el cual no tardaría mucho. Después de cabalgar en la oscuridad hasta bastante tarde, por fin llegamos a nuestra antigua casa que ahora estaba ocupada por una familia cubana que pertenecía a la clase media. Como la hospitalidad es característica de los cubanos, nos recibieron con amabilidad aún a esas horas de la noche. Nos dieron a cada uno de nosotros, incluidos los niños, ropa seca y después de una buena cena nos retiramos para dormir agradecidos de haber encontrado unos amigos tan amables y una buena cama donde estirar nuestros exhaustos cuerpos. Todos descansamos bien y temprano, a la mañana siguiente, nos trajeron nuestra ropa que se había estado secando toda la noche al lado de una candela. Nos vestimos, tomamos algo de comida ligera y después emprendimos nuestro viaje. Durante el día no pasó nada reseñable, pero ya hacia el anochecer, cuando estábamos en el radio de una milla de San Diego, nos encontramos con Octavio Guerra que había venido a vernos. Su familia estaba encantada de vernos, al igual que nosotros estábamos también encantados de verlos a ellos, además de sentir que estábamos entre amigos y tendríamos una casa fija por un tiempo. Era una casa grande de ladrillo con un amplísimo porche. Así las cosas, nos dieron una habitación grande para mí, Mamita Pepa y los niños, mientras que el Dr. durmió en su hamaca con los otros caballeros en el porche. Gozamos de paz y tranquilidad por alrededor de tres meses, y empleamos nuestro tiempo en arreglar nuestra ropa (ya que no había forma de conseguir nueva). También le di clase a los chicos en inglés y su abuela en español. De vez en cuando algún cubano perdido se paraba y nos decía las pocas noticias que había reunido de los diferentes encontronazos entre los cubanos y los españoles, además de las terribles atrocidades cometidas por estos últimos. No sabíamos nada del mundo exterior ya que todas las comunicaciones estaban cortadas desde la Ciudad y no había forma de recibir ni cartas ni periódicos. El General Quesada con su equipo paraban por allí a veces, al igual que el General Jordan, Ryan y Reeves, [28] quienes participaron de manera prominente en la insurrección.

Acabamos teniendo más relación con el General Jordan y después nos encontramos con él varias veces. También aprovechamos la visita de Quesada[29] para pedirle que dijera que estábamos buscando a nuestro negro José del Carmen, quien habíamos escuchado que estaba en un campamento cubano a bastante distancia. El Dr. pensó que la forma más segura de traerlo era yendo en persona a por él, lo cual hizo, descubriendo además que José estaba muy contento de volver con nosotros.

Doña Ángela Guerra pronto encontró cosas para que él las hiciera como fabricar zapatos para toda nuestra familia y para ella. Como no teníamos ninguna oportunidad de encontrar cuero o piel con los que hacerlos, nos vimos obligados a usar la piel de rata montañera que los

---

[28] Henry Reeve M., mejor conocido en Cuba como el «inglesito», nació en Brooklyn, NY, en 1850 y murió en combate, en Cuba, en 1870. Participó en más de 400 batallas y fue herido varias veces. Alcanzó el grado de Brigadier General del Ejército Libertador y sirvió bajo las órdenes del General Thomas Jordan, e Ignacio Agramonte.

[29] Manuel de Quesada y Loynaz era el General en Jefe del Ejército Libertador. Oriundo de la provincia de Camagüey, era el segundo al mando después de Carlos Manuel de Céspedes (1819-1874).

chicos, Justico y Arturo, encontraban en el bosque y que habían aprendido a curtir. Los zapatos estaban forrados de cualquier material que podíamos encontrar y eran bastante desaparejados en cuanto a estética se refiere, pero estábamos contentos de tenerlos, sobre todo porque nuestras medias estaban casi raídas y nuestros zapatos eran lo único que teníamos para cubrir nuestros pies. Cuando me di cuenta de que ya se me acababan las medias, guardé el mejor par por si alguna vez volviera a la ciudad y de este modo no tendría que ir descalza. Por este motivo, no usé medias en seis meses. Los niños habían roto las suyas por completo y fueron a la ciudad con sólo sus zapatos. Se acostumbraron tanto a ir sin medias que después fue difícil que se las volvieran a poner.

Cuando salimos de Puerto Príncipe, yo tenía afortunadamente una buena colección de vestidos nuevos de lino, pero después de llevarlos todos los días durante casi tres años, estaban hechos harapos, al igual que la ropa de los niños. Sin embargo, remendamos y parcheamos la ropa constantemente y conseguimos seguir teniendo ropa que ponernos. Nuestras agujas y el hilo estaban cada vez más usados y sólo nos quedaban una o dos agujas. Si por casualidad se extraviaran nos sentiríamos al borde de un ataque de nervios, ya que, aunque habíamos oído que se podían obtener en algún sitio a cincuenta centavos la aguja, no sabíamos dónde estaba aquel lugar. Nuestro hilo estaba hecho de henequén, una planta que tiene hojas que llegan a medir hasta una yarda. Cuando se arrancan, las fibras que son de un blanco puro, tienen la apariencia de seda blanca. Luego se secan al sol y sirven como un buen sustituto del hilo, aunque después de un poco tiempo se hace frágil y se rompe al lavarse. No obstante, no podíamos encontrar nada mejor y esto nos daba el apaño, aunque tuviéramos que volver a reemplazarlo constantemente.

Con estas dificultades vivíamos, con la esperanza de que la situación terminara pronto o que al menos sucediera algo que rompiera la monotonía. Entonces, Catalina, la hija de Don Carlos quien vivía en su plantación La Norma[30] se puso enferma. Mientras tanto, la Sra. Luáces quien desde el comienzo de la rebelión había estado viviendo en la plantación El Oriente, nos había dicho a menudo que

---

30   De acuerdo con Carlos Rebello en *Estados relativos a la producción azucarera de la Isla de Cuba* (1860), el ingenio La Norma estaba localizado en la localidad de Sibanicú. Su dueño era Carlos Guerra, tenía 1658 acres de tierra, de los cuales 66 se dedicaban al cultivo de la caña de azúcar (360).

fuéramos allí, pero como estábamos tan lejos no nos preocupamos en recorrer esa distancia. Sin embargo, ahora que Doña Ángela quería que el Dr. fuera a visitar a su hijo y como La Norma estaba de camino a El Oriente, Mamita Pepa, yo y los niños decidimos acompañar al Dr., quedarnos allí por un poco de tiempo y de ahí ir hacia El Oriente y así realizar la esperada visita. Empacamos nuestra ropa y salimos para allá. De camino nos detuvimos en un potrero de nuestros amigos, los Sánchez, donde nos encontramos con Manuel Sanguily[31] y otros insurgentes prominentes. Continuamos nuestro camino y llegamos a La Norma después de la caída de la noche. Yo me quedé en esta plantación tan sólo por unos días y después el Dr. me llevó junto con Chicha (que por aquel entonces tenía alrededor de tres años) a El Oriente. La entrada a su plantación era muy bonita. Tenía una avenida de casi una milla de larga con cocoteros que estaban tan cargados de fruta que casi se doblaban por su peso. Al final de esta avenida en la que las ramas de los árboles de un lado y de otro se juntaban, estaba la casa, situada en una eminencia. Mientras que nos acercábamos vimos a Emilio[32] y Lila con varios amigos que estaban esperando para darnos la bienvenida. Cuando nos vieron izaron la bandera americana, a la que correspondimos con un fuerte hurra al que se unieron ellos también. Estábamos muy contentos con nuestro encuentro ya que habían pasado casi dos años desde que nos habíamos visto. Durante ese lapso de tiempo nosotros habíamos sufrido muchísimo mientras que los Luáces habían disfrutado de todas las comodidades de su casa que estaba bien provista de todo, y a su vez habían podido ayudar mucho a los insurgentes que estaban enfermos o doloridos y que ya sea por accidente o por otra razón llegaban a ellos en busca de ayuda. Nosotros estábamos felices de estar en un lugar donde nos sentíamos a salvo de las tropas españolas, ya que nunca habían estado cerca de esa parte del campo y se pensaba que todavía pasaría algo de tiempo hasta que los españoles fueran tan lejos de la Ciudad. A la mañana siguiente el Dr. volvió a La Norma para atender a su paciente y nos dejó con nuestros amigos.

---

31 Manuel Antonio Sanguily Garrite (1848-1925), era abogado, periodista y Coronel del Ejército Libertador. Su hermano era el general Julio Sanguily Garrite (1845-1906).

32 Emilio Lorenzo-Luáces Iraola (1842-1910) nació en Puerto Príncipe, Camagüey y estudio medicina en los Estados Unidos. Obtuvo el rango de Coronel del Ejército Libertador durante la guerra. Su hermano, Antonio Luáces Iraola (1842-1875), también era doctor y peleó en la guerra civil norteamericana al lado de la Unión. Allí obtuvo el cargo de Coronel. Regresó a Cuba y se unió al Ejercito mambí.

Conuco y bohío de los negros del ingenio El Oriente, propiedad de la familia Luáces. Fuente: *El Camagüey*, de Antonio Perpiñá

Como se acercaba la Navidad y a la Sra. Luáces le gustaba mantener nuestras tradiciones americanas tanto como podía, ella fue al poblado más cercano de Sibanicú y compró todos los juguetes que encontró para ponerlos en las medias de Navidad de los niños. Aunque no había ninguna chimenea donde colgarlos, los colgó en la parte trasera de una silla que estaba a los pies de sus camas, por lo que sería la primera cosa que verían al despertarse. El siguiente día, sábado, era el 25 de septiembre. El Dr. llegó con nuestros dos hijos Justico y Arturito y la Sra. Luáces decidió dar una cena de Navidad. En el entretanto, el General Mármol, [33] el Capitán Magile[34] y otros llegaron, por lo que cuando nos sentamos en la mesa a última hora de la tarde éramos doce personas, siendo la Sra. Luáces y yo las únicas señoritas. La cena era lo más americana posible y todos la disfrutamos. También nos reímos y bromeamos sobre la sorpresa que se llevarían los españoles si pudieran ver nuestras banderas americanas y cubanas decorando el arco del salón. Era bastante tarde cuando nos levantamos de la mesa. Después fuimos a sentarnos al portal o porche, donde la luna

---

[33] Donato Mármol Tamayo (1843-1870), Mayor General del Ejército Libertador. Participó en numerosos combates. Padecía de viruela y murió antes del ataque a Guantánamo. Su muerte debió ocurrir poco después de esta reunión en casa de los Luáces. ¿Habrá ido allí porque estaba enfermo? (*Diccionario* 238).

[34] No se menciona a un capitán por este nombre en el *Diccionario enciclopédico de la historia militar cubana*.

brillaba con intensidad.[35] La bonita velada pareció inspirarnos y todos cantamos juntos nuestras canciones favoritas. El Capitán Magile, a petición de la Sra. Luáces, cantó «*Walking down Broadway*», mientras que nosotros disfrutábamos de su actuación. Eran casi las 12 cuando acabamos. Yo me sentía inquieta y no concilié el sueño profundamente. Así, en unas dos horas me desperté por un portazo cerca de nuestra ventana y el ruido de unas voces de hombres. Como estaba intranquila, llamé inmediatamente a mi marido quien a su vez llamó al General Mármol que había colgado su hamaca en la sala, y ambos se vistieron y fueron aprisa a ver lo que había pasado. Como siempre estábamos bajo la sospecha del «¿quién vive?» esperando a las tropas españolas, nos sorprendió cuando el caballero volvió para decirnos que las voces extrañas que habíamos oído venían de unos compatriotas amigos que habían venido para advertirnos de que huyéramos ya que el enemigo estaba de camino a El Oriente. Esto provocó que mi agradable visita se acabara repentinamente, pero como no quedaba otro remedio, me puse manos a la obra a empacar los pocos artículos que habíamos traído con nosotros, por lo que pronto nos volvimos a La Norma. Por su parte, la pobre Sra. Luáces pronto se vería obligada a abandonar su preciosa casa y, con la ayuda de su esposo y criados, estaba empacando toda su ropa y las cosas más necesarias a la vez que enterraba en algún recóndito lugar aquellas que tenían mayor valor. No tardamos mucho en llegar a La Norma donde Mamita Pepa nos dio una efusiva bienvenida. Ella estaba bastante sorprendida de nuestra repentina vuelta, pero a la siguiente mañana nosotros nos quedamos doblemente sorprendidos cuando estábamos sentados comiendo el desayuno con una vista completa de la carretera y después de mirar hacia la puerta, a casi un cuarto de milla a lo lejos, vimos un largo desfile de personas que venían hacia la casa. Al principio creíamos que eran las tropas españolas, pero después de que estuvieran más cerca, vimos que se trataba del Sr. y la Sra. Luáces y sus hijos con algunos amigos acompañados por un séquito de criados. Nos alegramos de verlos, pero también nos sentimos mal de ver cómo habían sido forzados a huir como el resto de nosotros y abandonar su cómoda casa. Sin embargo, no se quedaron con nosotros

---

35 La casa principal del ingenio El Oriente, que todavía se encuentra en pie, tiene un largo pasillo exterior con techo, barandas, cuatro columnas y arcos. Debió ser un lugar muy agradable para pasar las tardes y entretener a los amigos.

mucho tiempo porque pocos días después, tras escuchar que las tropas se habían ido por otra dirección, decidieron volver a El Oriente. Nosotros, por nuestra parte, pensamos que no era seguro quedarnos por más tiempo en La Norma, ya que estaba en la carretera principal, y nos fuimos al rancho que estaba en el potrero El Plátano y que le pertenecía a un amigo, Don Pancho Molina. Unos días después Catalina Guerra presentó a su esposo acompañado de un buen chico. Nosotros nos sentíamos bastante seguros en nuestra nueva morada hasta que, alrededor de seis días después de este acontecimiento, una noche sobre las 12, mientras que todo el mundo dormía profundamente, dieron la voz de alarma de que el enemigo estaba acercándose de nuevo. Era terrible tener que huir a cualquier hora, pero pensamos que a esa hora era imposible. Pero, sin embargo, espabilamos y vestimos a los niños, y después se vistió Catalina, se puso en una silla y cuatro negros la portearon, mientras que su hermana Merced llevaba al bebé a caballo. Mamita Pepa hizo lo mismo llevando a Chicha delante suya. Los chicos, yo, y los criados les seguíamos detrás sin saber adónde nos dirigíamos o lo que sería de nosotros, cuando de repente, recordé que me había dejado el reloj del Dr. debajo de mi almohada. Estaba desesperada al pensar que las tropas lo encontrarían, no sólo por su valor, sino también porque era el único reloj que teníamos. En un gesto de compasión por cómo me sentía, nuestro negro Ramón que todavía nos acompañaba, se ofreció para volver al rancho a por él. Yo tenía miedo por el riesgo que esto suponía, pero sabiendo lo apenado que estaría el Dr. por perder su reloj, y confiando en la agilidad e ingenio de Ramón, consentí que fuera. Estaba segura de que no se dejaría atrapar por el enemigo, y no me equivocaba, ya que poco después regresó con el reloj, habiendo visto a las tropas por el camino que se aproximaban al rancho que acabábamos de dejar.

Sentí gran alivio cuando regresó y trotamos preguntándonos cuándo terminaría nuestro viaje, ya que no conocíamos ninguna casa a la que fuera posible llegar a pie. Finalmente llegamos a un granero de maíz vacío, en el que nos quedamos. Después de limpiar la farfolla, colgamos sábanas para proteger a Catalina del aire e hicimos las camas en el suelo. Los criados habían estado lo suficientemente atentos como para llevarse unos pocos utensilios de cocina, al igual que carne y bananas. Nos las arreglamos para sobrevivir tres días en estas condiciones miserables. Mientras tanto, el Dr., que había estado fuera en su puesto de trabajo por algunos días atendiendo a los enfermos y heridos, estaba regresando al rancho cuando se encontró accidentalmente con Recio y le contó sobre nuestra huida y nuestro paradero. Él se apresuró y nos encontró en aquellas condiciones lamentables. Inmediatamente decidimos abandonar ese lugar e irnos al rancho de nuestro amigo Pancho Molina, sabedores que seríamos bien recibidos. De nuevo nos pusimos en camino y obligamos a Catalina a caminar también con nosotros. No habíamos llegado muy lejos, cuando escuchamos algunos pasos y alguien con un fuerte acento espetó: ¿Quién vive? Nos quedamos muertos de miedo, pensando que era la voz de un español que pertenecía a las tropas que nos habían estado siguiendo. Nos dimos por perdidos cuando el desconocido dio un paso al frente: era un español, pero era amigo de los cubanos. Molina le había mandado para que nos guiara a su rancho, ya que había oído que no teníamos casa y estábamos buscando un lugar donde refugiarnos. Respiramos más tranquilamente cuando descubrimos quién era y le seguimos, aunque no sin algunas reservas ya que nos podría estar engañando para entregarnos a las manos del enemigo. Pero nuestros miedos se fueron rápidamente cuando avistamos la casa de Molina y él salió a recibirnos. Estábamos muy agradecidos de estar de nuevo en un alojamiento confortable. Realmente disfrutamos los pocos días que nos quedamos con la familia Molina, pero decidimos volver a San Diego. Don Carlos junto con Mercedita nos acompañó, mientras que Catalina y su esposo regresaron a La Norma. No nos ocurrió nada relevante en el camino y llegamos sanos y salvos la misma tarde, aunque estábamos muy cansados, pues habíamos cabalgado cincuenta millas desde el amanecer.

Apenas habíamos llegado a San Diego cuando llegaron noticias para Don Carlos y Doña Ángela de que los españoles habían sorprendido a su hijo Luis en su potrero (del cual él estaba a cargo) y le habían matado brutalmente. Octavio, su hermano, había tenido la fortuna de escapar y llevar las terribles noticias a su familia. El siguiente día, Don Carlos mandó a su hijo Carlos a la plantación con órdenes para que destrozaran todos los edificios, lo cual hizo incendiando todos ellos y reduciéndolos a cenizas. Después de estas tristes noticias, escuchamos cosas a menudo sobre los movimientos de las tropas y muchas noches abandonábamos la casa para dormir en la manigua, ya que teníamos miedo de que nos sorprendieran si nos quedábamos en nuestras camas. Por este tiempo yo estaba bastante enferma con un forúnculo grande en mi lado y estuve enferma durante varios días. Cuando escuchamos que las tropas estaban de camino a San Diego, me vi obligada a montar mi caballo y cabalgar durante varias millas con el sol de mediodía hasta encontrar un lugar seguro. Estábamos muy cansados de esta forma de vida tan inestable, y el Dr. tenía que ir bastante a menudo a ver a Don Cirilio Morel, quien era su paciente, aceptamos la invitación de ellos para visitarles y fuimos a su rancho que estaba a unas cuatro o cinco leguas de distancia. Nos quedamos allí por dos semanas. Durante nuestra ausencia, y como se sentía inseguro en San Diego, Don Carlos decidió sacar a su familia a una plantación que se llamaba San Severino donde pensaba que él enemigo no le molestaría. Después de unirnos a la familia de Don Carlos en San Severino, descubrimos que todos los ranchos estaban ocupados, ya que Catalina y su familia habían vuelto para estar cerca de sus padres. Por ello, decidimos hacernos con uno, y le pagamos al casero por adelantado. Mientras tanto, el Capitán A. Liby,[36] un americano que simpatizaba con los cubanos, vino de los Estados Unidos para ayudarles. Él era sobrino del General Ashby,[37] famoso entre los confederados, y un caballero muy elegante, pero como había estado trabajando en la guerra con los cubanos desde hacía un tiempo, su ropa estaba en mal estado. Sintiéndome mal por él le ofrecí remendársela, lo cual aceptó de buena gana. Además, le hice una almohada de pelo con la que quedó encantado, ya que todavía no se había acostumbrado a dormir en una hamaca sin almohada. Sin embargo, pudo gozar de estas comodidades sólo por poco tiempo, ya que dos noches más tardes, él junto con algunos otros amigos, se vieron sorprendidos por los españoles, quienes le robaron su almohada y otras cosas y le obligaron a huir. Él se unió a los insurgentes de nuevo, y poco después nos enteramos que le habían matado en un encuentro con el enemigo.

Nuestro rancho estaba a medio hacer cuando nos enteramos que las tropas venían hacia San Severino, por lo que salimos a toda prisa y nos fuimos más lejos a un rancho de reservas que se usaba sólo para almacenar azúcar. Allí nos quedamos por alrededor de veinte días. Durante este tiempo el Dr. estaba muy enfermo y justo cuando se puso

---

36   No sabemos a quién se refiere.
37   Turner Ashby, Jr. (1828–1862) fue Coronel del Ejército Confederado durante la Guerra Civil de los Estados Unidos (1861-1865).

algo mejor nos enteramos que las tropas españolas estaban avanzando. La familia de Don Carlos no quería salir de allí inmediatamente, pero como teníamos niños pequeños y el Dr. estaba demasiado débil como para salir a la carrera, decidimos que las tropas no nos agarrarían, por lo que partimos hacia la tarde. Con nosotros venían Ramón, José del Carmen y su mujer Encarnación. Caminamos hasta la caída de la noche y encontramos un lugar agradable debajo de algunos árboles al lado de un río. Después, preparamos nuestras camas en el suelo y pasamos la noche al aire libre. Cerca del amanecer fuimos sorprendidos por el sonido de cornetas españolas. Conocedores de que debían estar cerca, recogimos nuestras cosas aprisa y quitándonos los zapatos vadeamos el río. Allí, al otro lado en la manigua nos sentíamos seguros, porque sabíamos que si los españoles nos seguían hasta la orilla del río no se atreverían a cruzar, ya que los bosques de Cuba se extienden por millas y millas, y son tan densos que se podrían perder fácilmente y nunca encontrar la forma de salir. Por esto, los españoles, siendo cautos, nunca seguían a los fugitivos si entraban en la manigua.

Cuando cruzamos al otro lado, nos acordamos que se había quedado atrás un cesto en el que estaba mi ropa. Me sentía muy mal ante la idea de perder la poca ropa que tenía, ya que la que llevaba puesta estaba hecha prácticamente harapos. Ramón era consciente de mi preocupación por lo que se ofreció a ir a por la ropa. Sabíamos que el riesgo era grande, pero antes de que tuviéramos tiempo de decidir lo que era mejor hacer, Ramón arrancó y nosotros caminamos lentamente con la esperanza de que volvería pronto y nos alcanzaría. Sin embargo, cuál fue nuestra decepción que escuchamos a perros ladrar y los disparos de las pistolas, y aceleramos nuestra marcha pensando solamente en salvar nuestras vidas.

Eusevia Guerra, junto con su bebé y su marido Pedro Recio, [38] se nos habían unido esa mañana. Ninguno de nosotros teníamos nada de comida para darle a nuestros pequeños, ya que Chicha tenía sólo

---

38   Historiadores cubanos mencionan a un coronel del Ejército Libertador llamado Pedro Recio Agramonte, quien nació en Camagüey y lucho en varias batallas. En una de ellas fue herido en un brazo, que tuvo que ser amputado. Como resultado era conocido por el sobrenombre de «el manco de Arenillas». Su último combate conocido ocurrió en 1870 donde fue herido nuevamente. Se cita también un documento de la guerra que dice que Pedro Recio traicionó la Revolución en 1871 (*Diccionario* 305), lo cual coincidiría con el tiempo en que se representó junto con su esposa, Eusevia Guerra y la familia Del Risco, a las autoridades españolas.

tres años y el bebé de Eusevia seis meses. Encarnación llevaba café en un cesto que antes contenía azúcar, y algunos granos se habían quedado pegados a los lados. Eusevia tomaba algunos de ellos de vez en cuando y se los ponía en la boca al bebé para calmarlo por un ratito. La pequeña Chicha nunca se quejaba de hambre. Ni siquiera podíamos encontrar agua para saciar nuestra sed. A veces, en la hoja de un árbol (cuyo nombre he olvidado) se forma una especie de vaso de agua, pero como era la estación seca, tan sólo pudimos encontrar unos pocos que tuvieran más de unas pocas gotas del preciado líquido.

Caminamos hora tras hora sin saber dónde ni hacia dónde nos dirigíamos. Estábamos desesperados por encontrar algún lugar de refugio ya que se acercaba la noche. Tampoco ayudaba la cobardía de Recio, quien aireaba sus miedos e incluso amenazaba con suicidarse si no encontrábamos socorro pronto. Finalmente, el Dr. que apenas podía arrastrarse ya que estaba muy débil a causa de su reciente enfermedad, propuso escalar a un árbol para ver si podía atisbar alguna manera de salir de aquella jungla. Teníamos miedo de que intentara subir, pero parece que cogió fuerzas y casi antes de que nos diéramos cuenta ya estaba en lo alto del árbol. Para nuestra satisfacción, el Dr. nos dijo que podía ver luz donde creía que habría una carretera. Así que bajó del árbol con la esperanza de encontrarla y todos los demás le seguimos en la dirección que él tomó. Pronto vimos una valla y escuchamos voces de hombres, los que suponíamos que eran soldados. Como temíamos ser vistos, nos sentamos, quedando nuestros cuerpos lo más cerca del suelo posible. No nos atrevíamos a hablar ni siquiera susurrar y apenas respirábamos no fuera que nos descubrieran. Después de un rato, cuando pensamos que ya se habían distanciado algo de nosotros, el Dr. y Recio se adelantaron para hacer reconocimiento, miraron por encima de la cerca y vieron que había una casa a poca distancia algo más abajo en el camino. Por supuesto, no sabíamos quién vivía allí, si eran insurgentes o españoles, por lo que estábamos dudando. Si eran españoles, el Dr. y Recio morirían con total seguridad si les vieran, pero algo había que hacer, ya que había anochecido y habíamos estado caminando desde el amanecer. Estábamos exhaustos y los pequeños no podían continuar sin comer nada, por lo que después de discutir sobre lo que era mejor hacer, decidimos que Eusevia y su bebé, y yo con Chicha iríamos a la casa para pedir ayuda. Si eran españoles diríamos que habíamos llegado allí para rendirnos e irnos con ellos a la Ciudad. Era una situación terrible el no saber cuál sería nuestro destino. Pensamos que si los ocupantes de la casa eran españoles, nos llevarían con total seguridad a la Ciudad y quizás nunca más volveríamos a ver a nuestros seres queridos de los que nos estábamos separando en ese momento. Sin embargo, hacer eso era inevitable. Hicimos un esfuerzo máximo, nos armamos de valor y fuimos hasta alcanzar la valla. Estábamos a punto de saltarla para llegar a la carretera cuando miramos alrededor y descubrimos un arma apoyada en la cerca. Después de levantar la vista, contemplamos a un hombre a la distancia que venía hacia nosotras agitando su sombrero para llamar nuestra atención. Por su apariencia sabíamos que él era cubano. Esperamos hasta que llegó hasta nosotras y nos preguntó quiénes éramos. Después de que le dije que era la esposa del Dr. del Risco, él expresó gran alegría de verme, y dijo que le debía mucho al Dr. y que ahora esperaba tener la oportunidad de pagárselo. Para aquel entonces la familia había escuchado las voces y reconocido que las voces ajenas eran de cubanos, por lo que salieron inmediatamente y el Dr. reconoció que aquel hombre era el Dr. Ramón Esquivel,[39] una persona cuya familia él había tratado, y quien, a diferencia de muchas personas, estaba agradecido por la amabilidad y atención que le había mostrado durante su enfermedad.

Como es de imaginar, nos alegramos de ver que, en vez de enemigos, habíamos encontrado un amigo que quería hacer todo lo que estuviese en su mano para ayudarnos. El arma que habíamos visto pertenecía a Esquivel, quien había estado buscando una de las mujeres que se habían unido a su familia huyendo de las tropas españolas y después se habían separado de ellos. Él se dejó su arma sin pensar donde nosotros la habíamos encontrado. Había sido casi un milagro que los soldados que habían pasado solo unos instantes antes, no la hubieran visto. Esquivel los había oído aproximarse y se introdujo en la manigua para esperar a que pasaran. Entonces, cuando salió para recogerla nos vio accidentalmente y nos puso a resguardo. Como no habíamos probado ni gota de agua o algo que comer desde el día anterior, casi nos estábamos muriendo de sed. Así, nuestro buen amigo nos dijo que le siguiéramos y se adelantó para traernos agua y

---

39   Aunque Josephine identifica a Esquivel como doctor, su nombre no aparece en la lista de los doctores y enfermeras, compilada por Cesar Rodríguez Expósito, que lucharon en la Guerra de los Diez Años.

que la bebiéramos. Volvió con una cubeta y una jícara para beber de ella. Habiéndonos refrescado algo continuamos con nuestra marcha, caminando hasta el punto de pensar que nunca alcanzaríamos nuestro destino. Ya hacía bastante tiempo que había anochecido y la pobrecita Chicha estaba muy cansada y con mucho sueño como para caminar más. Primero yo, y después su abuela, nos vimos forzados a llevarla. Estábamos casi muertos de hambre y cansancio ya que habíamos estado caminando desde el amanecer sin ingerir nada de alimento. Sentíamos que no aguantaríamos mucho más cuando, sobre las diez, llegamos a un sitio en el que había otras familias escondiéndose. Dado que el Dr. había estado muy enfermo tan sólo hacía unos días, pensamos en primer lugar en él, e inmediatamente empezamos a hacer una tienda de una hamaca para protegerle del aire de la noche. Una vez que se tumbó se desmayó agotado. Nuestro amigo Esquivel rápidamente le dio un poco de brandy, con lo que recuperó la conciencia. Después tomó algo de sopa que le trajeron muy amablemente y pronto se durmió profundamente.

Al día siguiente, ante el temor de que los españoles hubieran descubierto nuestro paradero y nos estuvieran siguiendo, Esquivel propuso que nos adentráramos todavía más en la manigua. Encabezamos el grupo, y el resto de las familias nos siguieron. Tomamos precauciones de no romper ninguna rama ni dejar ningún rastro de nuestras pisadas. Habíamos andado una milla o dos a través de la espesa manigua cuando llegamos a un lugar donde había un grupo de palmeras y donde decidimos quedarnos hasta que escucháramos que las tropas españolas se habían ido de esa parte del campo y fuera seguro salir de la manigua. Después de dejarnos en ese lugar que consideró seguro, Esquivel empezó a averiguar cosas sobre el enemigo y también a conseguirnos algo para comer. Después de ausentarse durante varias horas, volvió con carne, pollos y vegetales que había conseguido de varios ranchos que estaban en los alrededores. Además, no tuvo noticias acerca del enemigo, lo que nos quitó un gran peso de encima, ya que pensamos que si estuviera cerca habría escuchado algunas noticias sobre ellos. Por fin, después de aquel largo ayuno pudimos disfrutar de una buena comida que nos la prepararon y de la cual dimos buena cuenta.

Nos quedamos allí dos días. La noche antes de salir de la manigua tuvimos un buen susto. Todos estábamos sentados conversando y deseando que llegara el próximo día en el que íbamos a salir de nuevo para buscar un nuevo hogar cuando de repente se apareció una luz a través de los árboles. Vimos a varios hombres con antorchas que evidentemente estaban buscando algo o a alguien. Nuestro primer pensamiento fue que eran españoles que nos estaban buscando. Pedro Recio, que había mostrado su cobardía desde que se unió a nosotros saltó instantáneamente y dijo: «Aquí están los españoles». Cuando empezó a levantarse, Esquivel le agarró por el brazo y le dijo que tan sólo eran algunos de nuestros hombres que habían perdido sus hamacas y estaban buscándolas. Esto supuso gran alivio entre nosotros, que no pudimos evitar reírnos de Recio y de nuestro propio miedo.

Por la mañana, cuando Esquivel salió para hacer el reconocimiento y ver si sería seguro salir de la manigua, se encontró con Ramón, nuestro fiel negro, que estaba buscándonos. Dijo que había salvado a todos nuestros caballos de las tropas españolas, al igual que los cestos de ropa que fue a buscar el día en que nos separamos en la manigua. Estas eran magníficas noticias ya que pensábamos que nos habían robado todos nuestros caballos y yo me suponía que ya no tenía más ropa que la que tenía en mi espalda, por lo que fue reconfortante saber que pronto podría cambiarme, después de haber estado muchos días con la misma ropa. Aquella noche dormimos profundamente. Ramón vino con nuestros caballos temprano por la mañana para llevarnos a El Severino donde de nuevo estaban los Guerra después de haber huido de las tropas españolas, al igual que habíamos hecho nosotros.

El día estaba nublado y desapacible. Caminamos lentamente y nos detuvimos en un rancho donde había una familia cenando que nos invitaron a que nos uniéramos. Aceptamos la invitación de buena gana y después continuamos con nuestro camino. Ramón conducía al grupo y yo le seguía. Pronto comenzó a lloviznar y a llover, y cuando llegó la noche, era tan oscuro que apenas podíamos ver nuestras manos delante de nuestras caras. Afortunadamente, teníamos algunas velas que encendimos para ver la carretera. No tardamos mucho en llegar a un río que seguimos por la orilla caminando con nuestros caballos durante bastante rato. Finalmente nos vimos forzados a cruzar el río. Teníamos bastante miedo y estábamos temblando, pero seguí a Ramón que tomó la brida de mi caballo para guiarlo. Yo tenía el corazón que se me salía por la boca ya que después de llegar al otro lado, estábamos a punto de subir un montículo que estaba cubierto de barro resbaladizo. A Ramón, que todavía estaba agarrando mi caballo, se le rompió la brida cuando el animal se cayó. Ramón se estaba resbalando cuando dio un tremendo bote y saltó a lo alto del montículo antes de que nadie tuviera tiempo de saber lo que había pasado. Yo estaba bastante sorprendida de mí por haberme quedado montada encima del caballo tan bien, y me felicité a mí misma de que ni yo ni mi caballo nos habíamos resbalado por el montículo y caído en el río. Cuando vi que estaba a salvo, pensé inmediatamente en los otros que iban detrás de mí, ya que había escuchado gritos y un ruido en el agua como si una persona se hubiera caído en el río. Tenía miedo de que fuera uno de los niños, pero oí a alguien decir que María Sardui, una mulata, había estado muy cerca de caerse de su caballo en el río. Después de unos pocos minutos de suspense, el resto de nuestro grupo apareció sano y salvo, aunque era cierto que María Sardui había estado cerca de darse un chapuzón. Retomamos de nuevo la marcha y en una hora más o menos estábamos otra vez en San Severino con nuestros amigos los Guerra.

Tan sólo nos quedamos con ellos unos pocos días ya que el Dr. vio que era necesario ir a menudo a visitar a Don Cirilio Morel, que todavía era su paciente, y las tropas españolas estaban rastreando el campo constantemente y no era seguro para mi esposo estar yendo y viniendo de San Severino a la plantación de los Morell. La familia Morel, que era consciente del peligro que corría, le invitó al Dr. a que llevara allí a su familia para permanecer con ellos. Durante la insurrección, aquellas personas que se veían forzadas a dejar su hogar eran acogidas cordialmente por sus amigos en sus casas, pasando a formar parte de su familia. Como desde el primer día de la insurrección nos vimos obligados a abandonar nuestra plantación y nos convertimos en nómadas, nosotros entrábamos dentro de ese grupo que se veía forzado a buscar la hospitalidad de sus amigos. Sin embargo, no éramos completamente dependientes, ya que el Dr. a menudo correspondía la amabilidad de las familias no sólo atendiéndolos como médico, sino que también les daba arroz y azúcar a aquellas personas con los que se quedaba y que a su vez le habían dado otros pacientes. Por ello, se puede decir que, en cierto modo, éramos capaces de compensar los favores que nos hacían. Esto era al principio de la rebelión. Después, no se podía encontrar ni azúcar ni café ni arroz a ningún precio, y como casi todas las familias tenían que irse de sus hogares a causa de las tropas españoles, nadie tenía más que los otros. Así, varias familias se juntaban a vivir en el mismo rancho (los cuales eran muy grandes) y obtenían la comida (que consistía en plátanos verdes) del Prefecto, una persona nombrada por el gobierno cubano, y que era como un juez de paz y que también proveía con comida a aquellos que se la pedían.

Los cubanos tenían claro que los españoles no iban a disfrutar de la comodidad de refugiarse en las casas de los propietarios que se veían forzados a huir, por lo que cuando una casa se quedaba vacía, los cubanos la quemaban y la reducían a cenizas. De este modo, mientras cabalgábamos por el campo, uno se topaba a menudo con las ruinas de muchas casas buenas cuyos propietarios o sus hijos habían dejado para luchar por la libertad del país. Bueno, he hecho una digresión de mi historia, por lo que voy a volver a cuando dejamos San Severino y a los Guerra para unir nuestro destino con los Morel.

No nos sucedió nada de particular interés en nuestro camino, que duró casi el día entero, pero a menudo, cuando pasábamos por un potrero o una granja veíamos los esqueletos de los terneros o de las ovejas con sus patas o cabezas amputadas de sus cuerpos por los crueles españoles que hacían esto para privar a los cubanos de su ganado y de sus fuentes de sustento. Después de un día muy tedioso llegamos a Santa Marie, el potrero de Don Cirilio Morel. La casa era grande y de piedra buena, pero había sido destruida por los españoles. Después, Don C [Cirilio] mandó hacer una de guano para su familia, pero viendo que estaba muy cerca de la carretera, pidió que le construyeran otra en la profundidad de la manigua. Como se la hicieron después de que los habíamos visitado, tuvimos que hacer preguntas sobre dónde estaba situada. Por eso, nos paramos en un rancho en el mismo potrero que estaba ocupado por el hijo mayor de Don Cirilio. Como ya era casi la hora en la que ellos cenaban, aceptamos su invitación a cenar con él y su familia. Estaba atardeciendo y mientras que charlamos sobre los sucesos de ese día nos dieron casi las 9 antes de irnos. Como ni el Dr. ni ninguno de nuestros criados conocían la carretera, el joven Cirilio nos proveyó con un guía. Había estado lloviendo y el bosque estaba muy húmedo y oscuro, por lo que teníamos que llevar antorchas encendidas para ver nuestro camino. El sendero era tan estrecho que mi ropa se quedaba enredada en los arbustos y los árboles a menudo. Una vez que no podía ver nada delante de mí, cogí el sendero equivocado y me quedé completamente bloqueada por las zarzas que obstruían el camino. Di voces pidiendo auxilio y el Dr. que llevaba siempre a nuestra pequeña Chicha delante de él, se volvió, cortó los obstáculos con su machete y así pude unirme al resto del grupo. Íbamos siguiendo al guía y la distancia parecía aumentar. Empezamos a temer que nos habíamos perdido, ya que en teoría tan sólo teníamos que andar por una hora y estaba segura de haber caminado ya el doble de distancia. Estábamos susurrando nuestros temores los unos a los otros cuando de repente nos paramos y el guía confesó que se había perdido y no sabía dónde estábamos. Es más fácil imaginarse cómo nos sentíamos que describirlo con palabras, ya que era casi la medianoche y estábamos en un bosque denso casi muertos de cansancio y habiendo estado montando a caballo todo el día. Además, tampoco sabíamos lo cerca que pudiera estar el enemigo o si nos estábamos alejando o acercando de él. Había estado lloviendo fuertemente, nuestra ropa estaba completamente empapada, y no podíamos quedarnos en el bosque toda la noche aún si hubiera un sitio donde echarse ya que el suelo estaba mojadísimo. Lo único que nos quedaba era confiar en la Providencia y continuar hacia adelante. El Dr. iba en primer lugar, y no se atrevía a hablar en alto porque estábamos saliendo hacia la carretera y temía que las tropas españolas nos pudieran escuchar. Después de caminar con miedo y hastiados, por fin vimos una lucecita. La seguimos y llegamos al deseado refugio. Ya era bien entrada la medianoche, y la familia Morel estaba de vuelta cuando, despertados por la aproximación de nuestros caballos, estaban sorprendidos de vernos aparecer a esa hora tan tarde de la noche. Sin embargo, nos acogieron amablemente y nos dieron unas cómodas camas en las que nos echamos y nos quedamos dormidos rápidamente.

Este rancho era muy grande y tenía un techo muy alto. La habitación en la que estábamos era lo suficientemente grande como para acomodar siete camitas. Cinco las ocupaban las hijas de Don Cirilio y un primo, mientras que en las otras dos estábamos mi suegra, nuestro querido Arturo, yo y la pequeña Chicha. Durante el día se cerraban las camitas y se ponían a un lado para hacer sitio para que nos pudiéramos sentar y remendar ropa, tejer guano para hacernos sombreros y charlar para pasar el tiempo. Lo único que esperaba era que el día en que pudiéramos volver a tener comodidad y felicidad no estuviera muy lejos. El Dr. y Justico dormían con sus hamacas afuera, en una especie de sala abierta donde dormían también los hijos de Cirilio. Pensamos que era un gran alivio estar donde imaginábamos que los españoles nunca nos encontrarían y disfrutamos de la calma y el descanso que habíamos encontrado después de todos los momentos agitados por los que habíamos pasado. Ahora tenía de nuevo la oportunidad de darles clases a mis niños y todos los días después del desayuno los llevaba a un bonito y limpio rancho que le pertenecía a uno de los criados y que muy amablemente me dejó utilizarlo ya que nunca estaba allí durante el día y sólo iba a dormir por la noche. Era fantástico poder estar sola en un lugar en el que le pudiera dar clases a mis hijos ya que había pasado tiempo desde que les pude enseñar por última vez y me daba pesar por el tiempo perdido y deseaba fuertemente que estuvieran adelantados en sus estudios. Por eso, todas las mañanas nos íbamos al rancho y pasábamos dos horas. Después de ese tiempo, los niños se iban a jugar y yo a remendar ropa para que tuviéramos ropa que ponernos. Como nadie sabía dónde estábamos, nunca teníamos ninguna visita a diferencia de cuando estábamos en San Diego, y por eso no sabíamos nada sobre lo que pasaba en la isla. Éramos los que allí estábamos y estábamos muy cómodos, ya que los Morel habían tenido la oportunidad de almacenar en otro rancho (escondido en el bosque) no sólo azúcar sino también arroz y otros productos además de algunas piezas de lino para ropa y otros artículos de primera necesidad.

Los hijos de Don Cirilio, Emilio y José, también salían a la granja y se traían fruta y verdura, además de mucha leche. Todas las semanas también se mataba una vaca con lo que teníamos bastante que comer.

De esta forma vivimos por algunos meses. De vez en cuando nos asustábamos al oír que las tropas españolas venían y nos adentrábamos en el bosque. Una vez, teníamos miedo de que iban a llegar de repente, cogimos el maletín con los instrumentos quirúrgicos del Dr y él mismo lo enterró en la habitación donde dormíamos. Después de un corto período de paz y tranquilidad, el Dr. tenía que ir y visitar a los enfermos y heridos, por lo que se desenterró el maletín. Entre los heridos estaba uno de los hijos más valientes de Cuba, el General Sanguily.[40] Aunque era cojo de nacimiento, siempre estaba en primera

---

40 Josephine se refiere aquí al general Julio Sanguily Garrite, quien al inicio de la guerra vino a Cuba con su hermano Manuel en la expedición del Galvanic bajo las órdenes de Quesada. El 4 de junio de 1870, Sanguily y quince hombres, atacaron un regimiento español de 250 soldados, y en esa batalla fue herido en su pierna izquierda por la bala de un rifle enemigo (*Diccionario* 344).

línea de batalla y siempre daba muestras de su coraje y valor. Pero ahora, le habían herido en el pie y varios cirujanos que lo vieron pensaban que se le debería amputar. Sin embargo, mi esposo pensó que era posible salvárselo. Se quedó a vivir en el mismo rancho que su paciente, se puso a trabajar para curar el pie lastimado, y tuvo su recompensa, no sin pasar por numerosas complicaciones, cuando vio que el pie estaba completamente sano.

Nuestro paradero pasó a ser conocido rápidamente, y la gente empezó a venir al rancho para ver al Dr. y a su vez traían noticias de lo que pasaba afuera. Nos quedamos sorprendidos al enterarnos que los españoles habían estado en la plantación que estaba al lado nuestra hacía tan solo unos días y le habían robado a la familia una gran cantidad de plata. También cometieron muchas atrocidades, saquearon el rancho y robaron todo lo que encontraron. El rancho lo ocupaban una señora viuda y sus dos hijos. Uno era un pobre compañero que tenía tuberculosis y que no le quedaba mucho de vida. Después de que se llevaron todo lo que pudieron, tomaron por la fuerza al hijo mayor, se lo llevaron fuera y le dispararon. Después volvieron a por el que estaba enfermo. La madre se pensaba que se los iban a llevar prisioneros a la Ciudad y les pidió que le permitieran ir a por algo de caldo para su hijo enfermo. Cuando se giró para ir a buscarlo, los bestias abrieron fuego contra el hombre moribundo y lo mataron instantáneamente. La bala traspasó su cabeza llevándose parte del hueso con ella y penetró el muslo de la madre. Estábamos aterrados cuando escuchamos estas cosas que habían pasado tan cerca de nosotros. Ignorábamos por completo lo que estaba sucediendo y empezamos a pensar que no estábamos tan a salvo del peligro como imaginábamos. Un día llegó un hombre a toda prisa para que el Dr. fuera a ver a su mujer que estaba enferma. Afortunadamente, el Dr. no podía ir, ya que él llevaba enfermo varios días. Pero al día siguiente se sintió mejor, fue allí y se encontró con que las tropas españolas habían estado en la casa del hombre y que él no había ido en busca del Dr. para que viera a su mujer enferma sino para traicionarlo y entregárselo a los españoles. Con estas noticias sentimos que ya no estábamos seguros en Sta María y decidimos hacer un cambio. Nuestros amigos los Luáces, después de verse obligados a abandonar su plantación, habían estado vagando de un lado para otro como nosotros. De este modo, el Dr. se había encontrado con la Sra. Luáces varias veces mientras que visitaba a Sanguily, ya que ella estaba viviendo con algunos amigos en el mismo rancho. Ella pensó que sería agradable para todos nosotros que estuviéramos juntos y propuso que nos fuéramos donde estaba viviendo y así compartir rancho. Nosotros aceptamos la propuesta de inmediato, ya que Don Cirilio estaba recuperado y no necesitaba más los servicios del Dr. Creímos que ya era hora de partir porque tampoco queríamos abusar de su hospitalidad y empezamos a prepararnos para nuestra salida. En ese momento nos enteramos de que las tropas españolas estaban en una plantación cerca de nosotros y por la que teníamos que pasar. Como no queríamos correr riesgos, nos esperamos varios días y después mandamos a nuestro negro Ramón para que reconociera el terreno. Éste vio que ya se habían ido, por lo que emprendimos nuestro viaje con la agradable expectación de volver a ver a nuestros amigos que no habíamos visto en tanto tiempo. Sin embargo, no sabíamos que nunca se cumplirían nuestras expectativas ya que la próxima vez que nos veríamos sería en la Ciudad, después de entregarnos.

Cabalgamos sin que nos molestaran y por la noche escogimos un lugar agradable para hacer las camas. Nos quedaban muchas millas por recorrer ya que teníamos que hacer un viaje más largo para evitar encontrarnos con los españoles. Tan pronto como fue de noche nos tumbamos en nuestras camas duras como un tablero de madera y con el cielo encima de nosotros como manta. No obstante, dormimos profundamente y a la mañana siguiente nos despertamos tan frescos como si hubiéramos dormido tranquilamente en camas cómodas. Nos levantamos al amanecer y después de compartir algo de comida que nos habían dado los Morel, emprendimos nuestra marcha a San Severino, donde todavía se encontraban los Guerra. Estaban muy contentos de vernos y me dieron algunas cosas para que tuviéramos lo necesario. Nos quedamos hasta el día siguiente, cuando el Dr. le amputó el brazo a un hombre al que le habían disparado en un encuentro con los españoles y que después de eso estuvo perdido en la manigua durante días. Cuando le encontraron, su brazo ya estaba gangrenado casi hasta el hombro. El Dr. quería que tomara cloroformo, pero el hombre no quiso y aguantó la operación sin ni siquiera murmurar. Justico, que tan sólo tenía once años, estuvo presente y asistió en la operación dando los instrumentos y las vendas cuando era necesario.

Estando bien descansados, partimos de nuevo y llegamos al potrero de nuestro viejo amigo Don Antonio Torres, quien durante todo el tiempo que estuvimos fuera en el campo había hecho por nosotros todo lo que estaba en sus manos, como buscar y cuidar del Dr. como si fuera su propio hijo. Era el anochecer cuando llegamos al potrero y, conforme subíamos a la casa encontramos que estaba vacía, por lo que presumimos que la familia se había alejado en el potrero para escaparse de los españoles. Caminamos despacio y pronto nos encontramos con el Don Antonio quien nos esperaba y había salido a nuestro encuentro para enseñarnos el camino a su rancho. Estábamos muy cansados y estábamos contentos de irnos a nuestras camas después de tomar la cena.

El día siguiente vimos humo que venía en la dirección de la casa de Don Antonio e inmediatamente pensamos que eran los españoles quemando algo, lo cual fue el caso. Con el temor de que pudieran adentrarse en el potrero y encontrarnos en el rancho, decidimos adentrarnos en el bosque y esperar hasta que las tropas españolas se habían ido de esa parte del campo. Así permanecimos dos días. Doña Úrsula, la mujer de Don Antonio, nos preparaba la comida y Don Antonio nos la llevaba. Al tercer día regresamos al rancho para prepararnos para salir. Don Antonio y Doña Úrsula nos dieron bananas, carne y otros artículos de comida para que tuviéramos lo necesario.

Era casi mediodía cuando salimos y mientras que nos íbamos desplazando, Arturito, a quien le gustaba mucho cantar, cantó todas las canciones revolucionarias de las que se acordaba, ya que los niños habían aprendido bastantes canciones durante los dos años de insurrección. Como íbamos acompañados con el canto, pensamos que, si las tropas españolas estaban cerca, le escucharían fácilmente y nos llevarían prisioneros. Por eso, le advertimos en repetidas ocasiones, pero al niño, después de quedarse callado por un rato, se le olvidaba y empezaba a cantar sus cancioncitas de nuevo.

No nos encontramos con nadie hasta que ya era tarde, cuando vimos a algunas personas a lo lejos, entre las que había una mujer. Finalmente llegamos al potrero La Troya donde nos reunimos con nuestra amiga la Sra. Luáces. Mientras caminábamos fatigosamente con la esperanza de que nuestro viaje terminara pronto, vi muchas pisadas de caballos, hombres, una mujer y niños, por lo que se lo dije al resto de nuestro grupo, enfatizando que parecía como si las tropas españolas habían estado allí y los moradores del pueblo habían huido de ellos. No obstante, continuamos nuestro camino y ya estábamos a punto de entrar por un sendero estrecho que nos llevaba a la manigua, cuando Ramón, nuestro fiel criado, le dijo al Dr. que se detuviera y señaló a un hombre muerto que yacía a un lado de la carretera con un papel pinchado en su pecho y que contenía las siguientes palabras: A los mambises: «Que este sea un ejemplo para vosotros. Si no os rendís, seréis aniquilados».

Al ver esto, estábamos muertos de miedo, sin saber dónde podía estar el enemigo o lo pronto que caeríamos en sus manos. Era casi de noche y demasiado tarde como para volvernos. Además, habíamos llegado tan lejos y queríamos saber sobre nuestra amiga, la Sra. Luáces, por lo que nos quedamos allí en silencio y sin respirar mientras que Ramón pasó por el estrecho sendero para adelantarse y comprobar el paradero de la Sra. Luáces y si había un sitio de refugio para, aunque solo fuera, pasar la noche. No nos atrevíamos a movernos o a respirar por temor de que nos descubrieran los crueles y desdichados hombres que habían matado al pobre hombre con el que nos acabábamos de encontrar. Después de esperar con una angustiosa incertidumbre hasta que ya era casi de noche, empezamos a temer que hubieran agarrado a Ramón. Ya habíamos perdido casi toda nuestra esperanza de verlo de nuevo, cuando de repente apareció llevando un libro que estaba en inglés y hecho pedazos en su mano extendida hacia arriba. «Esto es todo lo que he encontrado. Todo está en ruinas. Los ranchos están quemados y todo el mundo ha huido», dijo Ramón.

Sería imposible describir con palabras lo que sentíamos. ¿Qué deberíamos hacer? ¿Adónde podríamos ir? Sin casa y sin hogar, y con la noche a la vuelta de la esquina, no teníamos otra alternativa que volver sobre nuestros pasos y volver adonde nuestro amigo Don Antonio y pedirle refugio hasta que pudiéramos hacer algo. Con la tristeza en nuestros corazones, nos alejamos de la escena del crimen y caminamos de forma deprimente. Nuestros caballos estaban tan cansados que, el mío se tumbaba a cada rato y tan sólo conseguía que se moviera y me llevara al final de mi camino arreándolo. Los niños también estaban casi muertos de cansancio y de hambre cuando a las 10 de la noche tocamos a la puerta del rancho de Don Antonio. Doña Úrsula la abrió inmediatamente. Estaba contentísima de vernos, ya que durante nuestra ausencia poco después de que nos fuimos por la mañana, Don Antonio había caído enfermo de repente, con una recaída de una enfermedad que había tenido no hace mucho. Como no sabía qué hacer para mejorar, estaba lamentándose extremadamente por nuestra marcha, con lo que estaban muy contentos de vernos regresar. Fue un alivio para nosotros ver cómo nos acogían alegremente. El Dr. rápidamente hizo todo lo que pudo para remediar la enfermedad de nuestro buen amigo, y fue recompensado con su recuperación unos días más tarde. En ese momento, nos llevó a un rancho que pertenecía a su yerno. El rancho estaba a una milla de distancia y Don Antonio pensaba que allí nunca nos encontrarían los españoles ya que estaba adentrado en el bosque, en una zona rodeada de maleza excepto alrededor del rancho. Apenas habíamos estado durante dos días, cuando nuestra pequeña Chicha cayó enferma con una fiebre alta y poco después Arturo se puso enfermo también. Creímos que el sitio era el causante de la enfermedad, y con la esperanza de salvar a Justico de contraer una infección, Don Antonio propuso que lo lleváramos de vuelta a su rancho hasta que los niños estuvieran mejor. Se acababa de ir cuando mi esposo cayó enfermo y al segundo día estaba tan enfermo que pensamos que se moría. Estábamos en una situación desesperada y cuando parecía que ya no había esperanza para él, Don Antonio llegó y se acordó de una medicina que mi esposo le había dado a él cuando estaba en una situación similar. Volvió a su rancho inmediatamente a por la medicina, la trajo y se la dio al Dr. quien al poco de tomársela empezó a mejorarse y al siguiente día estaba mucho mejor. Entonces, la madre del Dr. se puso enferma con fiebre, y al siguiente día Don Antonio trajo a Justico de vuelta, quien también tenía fiebre. Así las cosas, yo era la única de la familia que afortunadamente estaba bien y podía cuidar y asistir al resto. Estos momentos fueron terribles, sin ninguna comodidad y muchísimas privaciones. El Dr., tan enfermo como estaba, tenía la única camita que había. Mamita Pepa tenía una hamaca y yo dormía con los tres niños en un marco de cama muy rústico hecho de tableros sueltos que pusimos sobre palos sujetos al suelo y que se parecía más a una mesa que a otra cosa. Sobre ella pusimos nuestros serones o alforjas, que cubrimos con sábanas y que habíamos tenido la suerte de salvar. Apenas pude cerrar los ojos durante un mes, ya que cada noche estaba levantada y dando vueltas atendiendo a las necesidades de cada uno. Nuestro buen amigo Don Antonio venía y nos visitaba todos los días. Nos traía presentes como huevos o fruta, lo que consideramos como una atención bastante especial, ya que por aquel entonces todo eso era muy difícil de obtener. Así vivimos casi seis semanas. Nuestra comida era carne, calabaza frita, azúcar y agua en sustitución de café y té. El azúcar era muy difícil de conseguir, por lo que cuando lo teníamos lo valorábamos como un producto de gran lujo. Estábamos muy cansados de vivir así, aislados completamente del resto del mundo, cuando un día escuchamos disparos a lo lejos e inmediatamente sabíamos que los españoles no podían estar muy lejos. Sin embargo, como era casi de noche, también estábamos seguros de que no nos molestarían a esa hora. Aún así, pensamos que era mejor prepararse para lo peor, empacamos nuestra ropa y otras cosas y los enviamos al bosque por seguridad y después volvimos a nuestras camas sin saber lo que pudiera pasar al día siguiente. Temprano a la mañana siguiente, nuestro negro Ramón fue con Don Juan a buscar un ternero para matarlo, mientras que José del Carmen fue al arroyo por agua. Hacía poco que se habían ido cuando José del Carmen regresó corriendo diciendo que las tropas españolas venían en dirección a nuestro rancho. Al escuchar esto, los enfermos se introdujeron en el bosque y yo me quedé atrás esperando a que se acabara de cocinar el desayuno para dárselo. En ese momento regresó Don Juan a toda prisa acompañado de un desconocido y llamó al Dr. diciendo: «Dr. Justo, Dr. Justo: Huya, huya, las tropas se acercan.» Después de escuchar esto me fui corriendo hacia él y le dije que el Dr. se había ido al bosque junto con José del Carmen, donde se habían llevado nuestros zurrones con ropa la noche anterior. Al mismo tiempo le rogué que me llevara con la familia, ya que yo no sabía dónde encontrarles porque esperaba que Ramón me llevara hasta ellos después de regresar cuando el desayuno estuviera listo. Ahora que las tropas españolas podían llegar en cualquier momento yo estaba histérica, sabiendo que si me encontraban me llevarían prisionera y me separarían de mi familia, quizás para siempre.

Mientras seguía a Don Juan me di cuenta que él tomó un camino totalmente diferente del que había tomado la noche anterior. Como el desconocido se mantenía cerca de él, sospeché que el hombre era un *movilizado*[41] que había sido mandado por los españoles para encontrar al Dr. y a su familia y que Don Juan le estaba equivocando llevándolo por el camino incorrecto. Yo caminaba un poco más retrasada, ya que

---

41   Persona reclutada por el Ejército Español para luchar contra los mambises.

no podía mantener su ritmo y cuando este pensamiento me pasó por la cabeza, miré hacia atrás y vi a José del Carmen saliendo del bosque en dirección contraria. Corrí hacia él inmediatamente y le dije: «Las tropas españolas vienen. Llévame con la familia rápidamente», giramos y nos metimos en el bosque a toda prisa. Cuando dimos con ellos les dijimos enérgicamente que se adentraran más en el bosque, ya que temía que los cobardes despiadados encontraran nuestro escondite y tal vez nos mataran a cada uno de nosotros. Como todos estaban demasiado enfermos como para hacer un gran esfuerzo, tan sólo nos adentramos un poco hasta donde encontramos el tronco de un árbol muy grande que se había caído al suelo. No era lo suficientemente alto como para ocultarnos si nos sentábamos, así que todos nos tumbamos en el suelo detrás de él, conteniendo nuestra respiración por miedo a ser descubiertos. De repente escuchamos las voces de algunos catalanes que decían: «tú ve por ahí y yo iré por aquí». No podemos describir con palabras cómo nos sentíamos, ya que esperábamos que nos encontraran dónde nos escondíamos en cualquier momento, pero afortunadamente sus voces se perdieron a lo lejos, lo cual nos alivió momentáneamente hasta que escuchamos cómo rompían los calderos que se habían quedado puestos en el fuego, los graznidos de las pobres gallinas que intentaban matar y los chasquidos de la madera de nuestro rancho quemándose, con lo que nos quedamos sin casa y sin hogar. Todavía nos quedamos bastante tiempo tumbados en el suelo conteniendo la respiración hasta que todo estuvo en silencio y pensamos que ya deberían haberse ido del bosque. Entonces, nos levantamos de donde nos escondíamos. Ahora era ya bastante tarde y todos tenían hambre, ya que había salido del rancho tan aprisa esa mañana que tan sólo tuve tiempo de agarrar el plato en el que estaba comiendo y en el que había puesto un poco de maíz hervido al desayuno que tenía a medio comer. Me fui con él deprisa al bosque, sabedora de que sería imposible enviar a la familia la comida que había estado preparando para ellos. Quitándome a mí, nadie había comido nada desde la noche anterior, por lo que estaban contentos de comer lo poco que había cogido para ellos. El resto del día lo pasamos con muchísima ansiedad sin saber lo que sería de nosotros, ya que todos excepto yo tenían escalofríos y fiebre. El Dr., que había estado muy enfermo, se sentía muy débil y totalmente incapaz de realizar ningún esfuerzo, mientras que nuestro criado Ramón tenía malaria. Sin embargo, a pesar de que tenía bastante fiebre vio que nuestra situación era límite y se ofreció de voluntario para ir a reconocer el terreno y encontrarnos algo de comer si fuera posible. No había pasado mucho tiempo desde que se fue cuando regresó con un pedazo de carne salada que, afortunadamente, no se habían llevado los españoles. Unos pocos días antes, habíamos matado una vaca y salado la carne, y este pedazo que había encontrado Ramón era todo lo que quedaba. Aunque solo fuera esto, estábamos felices de tenerlo y después de asar una porción encima del fuego, nos preparamos rápidamente la comida. Durante tres días vivimos así, con la esperanza de que nuestro buen amigo Don Antonio acudiría a nuestro rescate. Al final del segundo día, como no había hecho acto de presencia, nuestros miedos se acrecentaron pensando que había sido capturado por los españoles y que lo habían matado o se lo habían llevado prisionero a la ciudad. La situación era desesperada ya que todas nuestras esperanzas estaban puestas en él y en caso de que nuestros temores se volvieran realidad, no sabríamos cómo salir del bosque o dónde ir. Ya casi habíamos perdido toda la esperanza cuando a la mañana siguiente, después de haber comido el último trozo que quedaba de carne, nos sentamos preguntándonos de dónde provendría lo siguiente que comeríamos, cuando de repente escuchamos el sonido de las pisadas de los caballos y justo después se presentó ante nosotros nuestro mejor amigo, Don Antonio. Fue como si se nos hubiera aparecido un ángel y no podíamos estar más contentos de verle. Nuestra alegría no era sólo porque él se apareció cuando le necesitábamos, pero también porque se había escapado de las garras de los españoles. Tan pronto como le fue posible después de salir de aquella parte del campo, empezó a buscarnos y fue infatigable en su esfuerzo hasta que nos encontró. Él nos había traído varios caballos, por lo que después de recoger las pocas cosas que teníamos, partimos a un rancho vacío que estaba en la cima de una elevada colina. Estaba bastante expuesto, ya que no tenía ningún árbol cerca y era muy visible desde la carretera y donde nos descubrirían los españoles si pasaran por la carretera que estaba al pie de la colina. Sin embargo, no teníamos otra alternativa, ya que si nos quedábamos en el bosque sabíamos que sería una muerte segura para los que estaban enfermos, por lo que lo único que podíamos hacer era instalarnos en aquel rancho y correr el riesgo de que el enemigo nos llevara prisioneros. Era una decisión peligrosa pero no podíamos hacer otra cosa por lo que decidimos que, si las tropas españolas venían por nosotros, nos rendiríamos e iríamos con ellos a la Ciudad. Al fin y al cabo, nos encontrábamos en aquel lugar triste y desolado, lejos de cualquier atisbo de vida humana en aquel montículo desde el que se podía contemplar una gran extensión de campo. No teníamos nada de muebles aparte de dos o tres sillas viejas. Hicimos las camas en el suelo (o más bien en la tierra) con alforjas de paja y bolsas grandes donde portábamos nuestra ropa y otras cosas. Afortunadamente, habíamos sido capaces de guardar nuestras almohadas y sábanas con las que nos tapamos. Los únicos utensilios de cocina que nos quedaban era un caldero de hierro viejo y resquebrajado. De todos modos, no podíamos ni usarlo, ya que no teníamos nada que comer hasta que Justico junto con José del Carmen, después de muchos problemas, pudieron matar un cerdo que nos duró dos o tres días. Esta no era la comida ideal para las personas enfermas, pero la necesidad apremiaba y se vieron forzados a comerla.

Un día Encarnación (nuestra criada) vino corriendo al rancho con mucho miedo diciendo que algunos hombres se estaban aproximando por la carretera y que ella pensaba que eran españoles. Mamita Pepa (mi suegra) y yo nos apresuramos a poner a resguardo nuestras cosas de valor, ya que las habíamos llevado ocultas con nosotras desde que empezó la insurrección, pero como pesaban mucho y eran molestas de vestir, a menudo las dejábamos aparte, lo cual habíamos hecho esa mañana. Como pensábamos que nos las arrebatarían en el caso de que aquellos hombres fueran españoles, nos apresuramos a ponérnoslas de nuevo. En ese momento escuchamos algunas voces que reconocimos que eran de cubanos, entre los que estaban el Dr. Emilio Luáces y otros amigos que conformaban parte del gobierno cubano. Estaban sorprendidos de encontrarnos en aquellas condiciones miserables y desoladoras, ya que, aunque yo era la única afortunada en conservar mi salud, había perdido mucho peso y ahora parecía que era el fantasma de mi antigua persona. Expresaron la máxima simpatía por nosotros y nos instaron a dejar la insurrección, y si era posible, la isla, ya que el Dr. estaba muy enfermo como para prestar ningún servicio a sus compatriotas y pensaban que su vida era demasiado valiosa para sacrificarla por una falsa idea de patriotismo. Hacía mucho tiempo que no habíamos visto a nadie que no fuera Don Antonio y su familia, por lo que era una grata sorpresa el ver a alguien que nos pudiera decir cosas sobre nuestros amigos y sobre lo que estaba pasando en la isla. Por eso, disfrutamos mucho su visita. No habían hecho nada mas que irse, cuando el Dr. Luáces mandó a un hombre con un boniato enorme, algunas bananas, azúcar y queso. Estos eran productos de lujo dado que habíamos sido ajenos a ellos por bastante tiempo. Por eso estábamos encantados de tenerlos y los disfrutamos como si no los hubiéramos probado nunca.

Durante tres meses o más vivimos en este lugar abandonado, sin saber cuál sería nuestro próximo movimiento. Entonces, Ramón (que había ido al rancho de Don Antonio para preguntar por él, porque había estado enfermo) volvió y nos dijo que el anciano caballero pensaba que sería aconsejable que nos fuéramos con algunos de nuestros amigos, ya que como estaba enfermo creía que en cualquier momento le harían prisionero los españoles y temía que nos quedáramos desamparados. Por eso nos aconsejó que nos fuéramos con nuestros amigos los Guerra donde sabía que nos cuidarían bien. Nosotros estábamos encantados de hacer cualquier cambio, pero era una tarea difícil estando los niños y el Dr. tan enfermos. Pero como nuestra situación no podía ser peor, además de vivir con un miedo constante de que vinieran los españoles y mataran al Dr. y a Justico (ya que incluso les disparaban a los niños si los encontraban entre los insurgentes) aceptamos de buena gana el consejo de Don Antonio y decidimos ir en búsqueda de nuestros amigos y un nuevo hogar. Como nos habían quitado los caballos, no teníamos ninguna forma de hacer el viaje, a no ser que mandáramos a algunos amigos para que los buscaran. Entonces, Ramón se ofreció de buena gana para ir. Se vistió, dio un salto a su caballo y dijo de broma que se iba a la Ciudad. En ese momento, de repente vimos a un gran número de hombres a caballo a lo lejos, y después de mirar más atentamente vimos que eran españoles. Pensamos en todo momento que nuestro rancho llamaría su atención y que nos descubrirían. Como teníamos miedo de que agarraran a Ramón, le rogamos que no fuera hasta más tarde, pero no le pudimos convencer y salió presto, sin pensar que nunca más volvería con nosotros. Apenas pasaron quince minutos antes de que escuchamos varios disparos de pistola e inmediatamente todos exclamaron que habían matado a Ramón, y prueba de ello es que nunca regresó. Después nos enteramos de que cuando vio que los españoles venían hacia él, les disparó con un revólver que siempre llevaba consigo y que el Dr. le había prevenido que no lo llevara, ya que jugaría en su contra si los españoles lo agarraban. Sin embargo, él no tomó en consideración dicha advertencia y luchó valientemente disparando hasta que cayó. Como esperábamos impacientemente a que regresara y no volvía, se confirmó nuestra idea de que le habían matado. Con su pérdida, todas nuestras esperanzas de mejorar nuestra situación se desvanecieron. Nosotros, por nuestra parte, no podíamos hacer otra cosa que esperar y ver lo que el futuro nos aguardaba. Una tarde un hombre se aproximó al rancho y preguntó quién vivía allí, a lo que respondí que el Dr. Justo del Risco y su familia. Cuando escuchó esto, expresó una gran sorpresa, y como tenía que verlo, el Dr. fue a duras penas a ver al extraño. Después de decirle la poca comida que habíamos tenido y el tiempo que hacía que no habíamos comido un bocado de ternera, se ofreció, con la ayuda de José del Carmen, a matar una vaca. Nosotros aceptamos con gusto su detalle y poco después nos dejó diciendo que estaba buscando un rancho vacío donde pudiera llevar a su familia. El próximo día nos sorprendió ver a dos cubanos montados a caballo que venían hacia el rancho. Experimentamos una gran satisfacción cuando nos dimos cuenta que uno era Manuel R. Guerra, el hijo de nuestro viejo amigo Don Carlos, y el otro era José Antonio Cosio, que también era amigo de la familia. El desconocido del día anterior se había parado mientras caminaba en el rancho de estos amigos y les contó sobre nuestra triste situación. Inmediatamente ensillaron sus caballos y empezaron a buscarnos con la intención de llevarnos de vuelta con ellos. Suponían que teníamos nuestros propios caballos, pero cuando vieron que no teníamos ninguno, ya que nos los habían quitado, se volvieron a su casa y al día siguiente aparecieron con todo lo necesario para el viaje. Como el Dr. estaba muy débil como para llevar las riendas de su caballo, uno de nuestros amigos se sentó detrás de él y guio al animal. Teniendo esto en cuenta, viajamos despacio. Hacia la noche empezó a sentirse muy enfermo y tuvimos que desmontarnos de los caballos hasta que se sintió mejor y pudimos continuar de nuevo con nuestro viaje. Después de cabalgar unas pocas millas, llegamos a una casa donde nos paramos y nos atendieron con una buena cena y camas cómodas. Como estábamos muy cansados, descansamos bien y a la mañana siguiente estábamos listos para reemprender nuestro viaje. Después de cabalgar unas pocas horas llegamos a nuestro destino, el rancho de Manuel R. Guerra, donde estaba su mujer esperando para recibirnos.

Esta familia era una de las pocas afortunadas que no había sido molestada por los soldados españoles y todavía disfrutaba de muchas comodidades que a nosotros (que habíamos sufrido mucho) nos parecían lujos, pero que en realidad eran sólo comodidades normales de la vida. Nos dieron una cena excelente y después de esta, Manuel Ramón nos llevó a un rancho vació que no estaba lejos del suyo. Además, nos dio comida para que empezáramos a sentir como en casa. Estábamos muy agradecidos de estar con amigos y en un lugar seguro. También estábamos igualmente felices al ver que los enfermos empezaron a mejorar, excepto el Dr. que todavía seguía muy malo y con fiebre diaria, los pies hinchados, y gran flojera cuando intentaba caminar. No obstante, ahora podíamos alimentarle con comida, ya que los Guerra nos daban carne y miel que bebíamos con agua, dado que no teníamos ni café, ni té, ni azúcar. Nosotros compramos huevos de gallina y verduras de un negro viejo quien, escondido en el bosque, tenía un pequeño huerto en el que cultivaba y criaba estas cosas para vendérselas a los cubanos que podían comprárselas. Como Encarnación (nuestra criada) era una buena cocinera, nos preparaba buenos platos que disfrutamos después de tres años de hambre y privaciones. Pero esto no duró mucho, porque en alrededor de diez o doce días, una mañana llegó Guerra para vernos. Parecía que tenía un problema grande, y después de un rato nos anunció que su hermana Eusevia, acompañada de otra señorita, había venido desde la Ciudad con la finalidad de convencer a su familia para que volvieran con ella.

La habían tomado prisionera y llevado a Príncipe hacía algún tiempo, y como estaba deseosa de que su marido estuviera con ella, fue al Gobernador a pedirle permiso para traerle a la Ciudad. Al mismo tiempo le dijo que usaría su influencia para instar a sus amigos a que volvieran a la ciudad si podían hacer eso sin ser molestados. Se mencionó a nuestra familia concretamente, y el Gobernador se mostró encantado de dar su consentimiento, sabedor que, si una o más familias influyentes abandonaban la causa de la insurrección, sería más probable que otras las siguieran en su decisión, ya que estaban cansándose de tantísimo sufrimiento y privaciones y estaban esperando a alguien que tomara el liderazgo y seguir su ejemplo. Nosotros sabíamos esto y nos lamentábamos de que aquellas circunstancias nos forzaron a dar un paso que fuera en detrimento de la causa cubana. Al mismo tiempo, se nos revolvía el estómago al pensar que nos someteríamos a la dominación española de nuevo, después de todos los sacrificios que habíamos hecho, pero, cuando Guerra nos dijo que el último informe de la Junta Cubana en Nueva York decía que no había fondos ni medios de conseguir dinero para ayudar a los insurgentes y también decía que el Gobernador estaba a punto de enviar 25.000 hombres al campo con el propósito de matar y hacer prisionero a todos los cubanos que encontraran, [42] vimos que no teníamos escapatoria, y nos veíamos obligados a unirnos a nuestros amigos en su regreso a la ciudad, dado que la enfermedad del Dr. le había dejado muy débil y sin posibilidad de ayudar, por lo que éramos completamente dependientes de la bondad de nuestros amigos y no podíamos hacer otra cosa que dejar a un lado todo sentimiento de patriotismo y seguirlos con la idea de abandonar la isla tan pronto como fuera posible. Los Guerra decidieron salir al siguiente día, y después de pasar una noche sin dormir pensando en la humillación de volver de nuevo a la dominación española, empezamos los preparativos para el viaje. Aquella tarde nos unimos a la familia de Manuel R. Guerra en su rancho. Eran diez y en nuestra familia éramos ocho, contando con los criados, por lo que presentábamos un gran grupo a la hora de salir. Era casi el anochecer cuando salimos ya que pensamos que era más seguro que viajar por el día, y que así no correríamos el peligro de encontrarnos con las tropas españolas. Llevamos algunas provisiones con nosotros, en caso de que tuviéramos hambre. Partimos con gran tristeza en nuestros corazones, sin saber lo que nos depararía el futuro. La luz de la luna era preciosa y nos paramos a descansar de rato en rato para refrescarnos algo. Hacia la mañana avistamos Puerto Príncipe e inmediatamente nos detuvimos para prepararnos para entrar en la ciudad. Para ello nos cambiamos nuestras vestimentas y nos pusimos las mejores que teníamos, es decir, aquellas que estaban mejor remendadas. Por este motivo, los hombres del grupo se retiraron a una parte del camino mientras que las mujeres y los niños nos fuimos al lugar más apartado que pudimos encontrar para acicalarnos. Justo cuando habíamos acabado y estábamos a punto de montar nuestros caballos, algunos hombres a caballo cabalgaron hacia

---

42   En efecto, como cuenta Melchor Loret de Mola en su testimonio, en 1871 las tropas españolas estaban avanzando hacia los territorios donde antes no se atrevían a entrar, dado la falta de armas y municiones de los cubanos. Afirma: «Bajo tales circunstancias pudieron fácilmente, sin tropiezo ni gastos de pólvora, enseñorearse las tropas enemigas de las extensas y apartadas zonas insurreccionadas, cuando antes difícilmente podían salir a una legua de la ciudad en busca de forrages» (*Episodio*, pp. 3-4).

nosotros y nos dijeron: «¿Quién anda ahí?» Les respondimos y les preguntamos por lo que teníamos que hacer para entrar en la Ciudad, ya que recién se habían construido algunos fuertes, y estábamos obligados a pasar por uno de ellos.

Después de darnos las instrucciones necesarias, decidieron acompañarnos. Después de un retraso considerable en el citado fuerte, entramos a Puerto Príncipe. Como había un número tan grande de personas en nuestro grupo, formábamos una procesión de carruajes considerable, lo que despertó la curiosidad de todos los hombres, mujeres y niños que acudían en masa a las puertas para ver a «los presentados»[43] como se les llamaba a los que se entregaban y habían formado parte de la insurrección.

Teníamos que ir a la Mansión del Gobernador para informarle de nuestra llegada. Las mujeres y los niños permanecimos en los carruajes, mientras que el Dr., en el estado de enfermedad que estaba, fue acompañado de algunos amigos a presentarse él mismo al Gobernador, quien al ver lo enfermo que estaba, se dirigió a los hombres y les dijo que se lo llevaran a su casa. Mientras que estábamos esperando, algunos amigos que nos habían reconocido, vinieron a saludar y algunos de los antiguos criados que habían pertenecido a la familia vinieron a vernos y nos trajeron tortas y caramelos para los niños. Un negro me trajo las llaves de la casa que habíamos dejado hacía casi tres años. Sin embargo, nuestra amiga Eusevia Guerra, o mejor dicho, la Sra. Recio insistía en que fuéramos a su casa, por lo que decidimos hacer esto, ya que pensamos que era inútil abrir la casa cuando esperábamos salir de Puerto Príncipe tan pronto. Todo parecía muy extraño, después de haber estado viviendo en el campo durante tanto tiempo, ya que, aunque había muchas casas buenas en las diferentes plantaciones, no quedaba casi ninguna. De este modo, al pasar por el campo no había signos de otra cosa que no fuera la devastación y la destrucción. Todo en la Ciudad, como había dicho antes, parecía muy diferente de cuando la dejamos. Las calles estaban llenas de reclutas españoles, que se parecían más a bandidos que a soldados, y en casi cada cuadra había un letrero de una Fonda Española, o res-

---

43   Para muchos cubanos independentistas, «presentarse» ante el gobierno español significaba rendirse y lo consideraban un acto de humillación. Por eso, cuando los soldados le ofrecen a Mercedes Mora de Mola llevarla a la ciudad, después que fue tomada prisionera en la manigua, esta afirma que «prefería morirse de entrar en una población de esa manera» (cit. Melchor, *Episodio*, 27).

taurante. Se veían señoritas en la calle, pero muy pocos caballeros. La situación era inaguantable, y nos preparamos para salir a toda prisa. Esto suponía conseguir ropa decente con la que presentarnos en el Oeste, donde habíamos decidido ir, ya que era el mes de febrero y hacía demasiado frío para que nosotros fuéramos directamente al Norte.

Unos pocos días después de nuestra llegada a Príncipe, pensé en ir a nuestra casa (que habíamos dejado tan aprisa al principio de la insurrección) y ver lo que quedaba, ya que había escuchado que los españoles la habían saqueado. Nos encontramos que se habían llevado la mayoría de los muebles y vaciado los closets y armarios, con la excepción de uno que tenía trabajos médicos e instrumentos quirúrgicos. Inmediatamente comencé a llenar una cesta que había llevado conmigo, y le di a Eusevia algunos objetos de adorno que eran bastante sofisticados. Nos dimos cuenta de que la cesta era demasiado pesada para que el conductor la llevara al carruaje, por lo que dejamos una docena de libros o más en la mesa, con la intención de volver a por ellos y ponerlos en la cesta. En ese momento, el negro que estaba al cargo de la casa, dijo que los soldados que vivían en la casa de enfrente estaban mirándonos, y que tenía miedo de que se lo notificaran a la policía y que le arrestaran por permitir que me llevara lo que era mío. Él estaba muy agitado y preocupado, por lo que nos fuimos a toda prisa, con lo que me olvidé los libros que había puesto encima de la mesa. Yo estaba tremendamente enfadada pero todavía más cuando un policía vino por la tarde a vernos y a que le dijéramos lo que nos habíamos llevado. Yo estaba indignada por tener que dar cuenta de lo que había hecho a otra persona, pero más concretamente, a un policía, por lo que le dije que lo que me había llevado era mío y que, como era americana, no le tenía que rendir cuentas a nadie y que iba a ir al Gobernador inmediatamente y poner una queja contra él. Tras esto, se marchó rápidamente y yo y mi madre política recogimos nuestras mantillas y fuimos a la casa del Gobernador. Después de esperar un rato, su Excelencia entró a la sala de manera pretenciosa, pero no me sentí intimidada. Yo le conté lo que había pasado y él me preguntó si me habían confiscado los muebles, a lo que yo le respondí que no, que, aunque nos habían confiscado la plantación, no lo habían hecho así con los muebles, tal y como me había dicho su secretario. El Gobernador tuvo unas maneras insatisfactorias y desagradables. Yo me sentía enojada, y así debí haberlo mostrado en mi conversación, ya que de repente él me dijo: «Señora, usted ha hablado de una manera muy crítica, y permítame que le diga que, si no fuera por la bondad y la indulgencia del gobierno español, su esposo estaría en prisión en este momento.» Debo confesar que esto me agarró desprevenida ya que no pensé que estaba diciendo nada como para recibir tal comentario, en respuesta de lo cual me levanté y me marché de la habitación furibunda.

Estaba indignada con la conducta del Gobernador, ya que su secretario nos había dicho que si los muebles no habían sido confiscados, los podríamos tener de vuelta, y no que se negaría a dárnoslos. Yo me sentía encolerizada, pero así es la justicia española y era raro que cualquier cosa que hicieran pudiera sorprenderme. Después, Don Francisco Pichardo nos dijo que el Gobernador había dicho que la mujer del Dr. Risco era muy orgullosa, lo cual prueba que había comprendido mi forma de actuar tal como yo quería.

Después, fuimos a ver al Administrador de los muebles confiscados, quien era un caballero modélico y muy amable en su forma de actuar. Él dijo que su gobierno era tan inconsistente e injusto que él no podía tolerarlo y por ello quería abandonar la isla. Expresó gran simpatía por nosotros y dijo que podríamos llevarnos de nuestra casa lo que más valor tenía, incluidos los instrumentos quirúrgicos del Dr., pero nos pidió mantenerlo en secreto, ya que, de saberse, él podría tener grandes problemas. Él dijo que no podía hacer nada más por nosotros y nos aconsejó que fuéramos a ver al Cónsul americano al llegar a La Habana. Además, pensó que probablemente podría hacer algo para saber cómo recuperar nuestros muebles. Los soldados españoles habían quemado uno de nuestros carruajes, y otro, que era un precioso Victoria, lo habían mandado a la Habana y vendido por el gobierno durante nuestra ausencia de la Ciudad. No pretendíamos pedir ninguna remuneración por estos, pero sí pensamos que nos podrían devolver posiblemente algunos de los muebles, o al menos los libros y los instrumentos quirúrgicos, los cuales tenía el Dr. una gran cantidad y eran muy valiosos. Aprovechándonos de la amabilidad del Administrador, fuimos inmediatamente a la casa y agarramos las cosas que más valorábamos y que podíamos llevar. Ahora que sabíamos que no podríamos llevarnos nada más, nos apuramos en prepararnos para salir de Príncipe.

Poco después de nuestro regreso a la Ciudad recibimos una carta del Cónsul americano en Nuevitas que decía que tenía órdenes de mi madre de darnos todo el dinero que necesitáramos, pero afortunadamente no lo necesitábamos, ya que, pocos días antes del estallido de la insurrección, le habían pagado al Dr. una gran cantidad de dinero, que guardé en un cinturón y llevé conmigo durante casi tres años. Además, tenía mis joyas que también las llevé conmigo y las guardé, pero cuando volvimos a Príncipe se las di a Eusevia Guerra para que las guardara, quien las puso en su armario. Después, cuando estaba en La Habana, fui a sacar algunas joyas y descubrí que me habían robado unas cuantas piezas, entre ellas unos pendientes de botón con un diamante grande, y un anillo de ópalo y diamante. Estaba enfadada, pero como habíamos sufrido tanto y perdido toda nuestra propiedad, esto parecía algo pequeño, por lo que no le di mucha importancia. Durante la insurrección, cuando las tropas españolas sorprendían a las mujeres cubanas en sus ranchos, siempre se llevaban todas las joyas que ellas tenían. Por lo tanto, yo estaba muy feliz de haber podido tener las mías al igual que de no haber estado nunca en contacto con aquellas bestias horribles.

Como era invierno (era el uno de febrero), no nos atrevíamos a ir al Norte, ya que todos estábamos muy delicados de salud. Aunque había sobrevivido aquellos años de sufrimiento, había pasado de pesar 160 libras a 125 libras. Tan pronto como llegamos a la Ciudad caí enferma, por lo que un cambio de clima habría sido peligroso para cualquiera de nosotros. Por eso, decidimos ir a Cayo Hueso (Key West) más tarde en el año. Dejamos Puerto Príncipe el 11 de febrero de 1871, y llegamos pronto a La Habana, donde nuestros amigos nos recibieron cordialmente. Entre ellos, el Dr. y la Sra. Wood, que nos ofrecieron muchas cosas, lo cual apreciamos de corazón.

Mientras que estuvimos en La Habana, nos pusimos en contacto con el cónsul americano para ver lo que podía hacer por nosotros con respecto a nuestros muebles. Él parecía ignorar totalmente lo que tenía que hacer. De hecho, confesó que no sabía lo que hacer, y nos dijo que era mejor que escribiéramos a Washington.[44] Todo parecía muy vago e incierto, por lo que estábamos igualmente disgustados con el Cónsul americano como lo estábamos con el Gobernador es-

---

[44] Alfred Thomas Archimedes Torbert (1833–1880), era el cónsul norteamericano en La Habana en 1871. Había sido antes General del Ejército de la Unión norteamericana,

pañol. Tan pronto como hubiera un barco de vapor que fuera hacia Cayo Hueso, estaríamos contentos de marcharnos de la infeliz isla.

Hacía ya casi tres años desde que no había tenido noticias por parte de ninguno de los miembros de mi familia, por lo que fácilmente se puede imaginar mi satisfacción cuando, poco después de llegar a Cayo Hueso, recibí cartas que nos daban la bienvenida a casa y que además contenían noticias de mis padres, que estaban todavía vivos y se encontraban bien.

Disfrutamos mucho nuestra estadía en Cayo Hueso, y de estar en la tierra de la libertad. Sin embargo, estábamos impacientes por llegar a casa. Tan pronto como el tiempo fue lo suficientemente cálido, nos preparamos para partir y zarpamos el 4 de abril y llegamos a Nueva York el 7 de abril de 1871, llenos de júbilo de estar de nuevo reunidos con nuestros seres queridos, de los que habíamos estado separados por tanto tiempo.

Yo he escrito esto tan cercano a la realidad como me es posible recordar, pero soy consciente de que me he olvidado de muchas cosas. Sin embargo, me veré recompensada de todas mis vicisitudes si mis hijos disfrutan leyendo estas pocas reminiscencias de la rebelión cubana.

JOSEPHINE DEL RISCO
2 de julio de 1889.

Atrocities In Cuba.

Narrative Of A Former Resident Within The Insurgent Lines —
Inhuman Treatment Of Cubans By The Spanish Authorities.

[The following account of the treatment of Cuban insurgents by the Spanish authorities in Cuba is furnished by Mrs. Lila Waring de Luaces who was, for two years, with her husband. Dr. Luaces, in charge of hospitals within the insurgent lines. Although Mrs. Luaces has been in America since last Spring, this narrative has hitherto been withheld from publication out of consideration for the safety of her husband who remained in Cuba. His estates have, however, been destroyed and so great is the animosity against him that it is now regarded as impossible to aggravate his danger even by the publication of such acts of those given below. ED.]

—

To the Editor of *The Tribune*.

SIR: On the 8th of April, 1869, the family of Manuel A. Acosta was in a hut hidden in the woods on the bank of the river Cauto, in Cuba. As he was leaving the place one day he fell into the hands of some volunteers, who bayoneted him and dragged him to the house. At the sight of him deluged in blood, his wife, his children and his sisters set up a cry of horror and wept over the victim. But the Spaniards are not men, and were perfectly unmoved.

Manuel Acosta was not yet dead. They found a man named Grant, son in-law of Acosta, and Grant's brother Domingo, and placed them all with the ladies in the middle of the column, which started on the road to Bayamo. It is needless to speak of the treatment of the prisoners on the way, nor of the filthy epithets with which this brutal soldiery offended these helpless ladies. On arriving at Cauto Embarcadero, the blood was pouring out of Manuel's wounds, and the insults to which the ladies of his families were subjected drove him crazy. So the savages, to avoid further troubles, dispatched the old man, and pitched his body into the river. His wife, in desperation, tried to fling herself in after him, but was withheld. The Spaniards then took Grant and Domingo behind the cemetery and shot them. In August of the same year, Gen, Maximo Gomez surprised the Spaniards in Baire, In the jurisdiction of Jiguani. He obliged them to shut themselves up in the fortress. He rescued several families, and set fire to the town. When Gomez retired, the Spaniards murdered every family that had not been able to escape. The following September, the Spanish troops of Maniabon, (Holguin) retired to Puerto del Padre, burning their houses and ramparts, killing all the prisoners they had, and *decapitating seven woman, and five children*. In October, the Spaniards attacked Ramón (Santiago de Cuba and murdered all the sick that were in the hospital there.

These were strung up to the beams of the house and burned alive in it. In November, 40 cavalry soldiers attacked the Cuban camp at Migial (Holguin), which was undefended and took 20 prisoners. Among the later was Carlos Tellez, a lawyer, and Antonio Infante, a planter. These two had their eyes gouged out, and then they were killed with the rest. In December, a Spaniard named Araujo, manager of a bank in Trinidad, proposed at a meeting of Spanish Casino that every Cuban and every member, woman and children included of their families, should be beheaded. The proposition was adopted with great applause.

Sometime in January in 1870, Gen. Puella's troops, when they began the march with ended in their rout by Jordan at La Mina, took, near Desada, in Camaguey, Francisco Alonso Ramos prisoner. He was over 70 years old. They tied his hands and feet together behind, making a circle of his body, and in this position they hanged him to the tree by his wrists and kept him there all night.

Next day they killed him, cut off his wrists, and left him unburied. In the following April Narciso Tamayo, from the Sierra Maestra, wrote to the Department as follows:

«A month after my three brothers had been killed, the Spaniards assaulted the camp where my family lived. The first news that reached me was that they had only killed my father and my brothers, Juan, Pancho and Gavino, but lately I have learned that nobody escaped. My mother and sisters were also murdered by these savages». In the following month the Spaniards, from their camp at Las Parras (Camagüey), surprised a little hut recently, and not being able to find him they vented their rage on a woman who had just been delivered, and on her babe only a few hours old. Both were hacked to pieces, Salvador Cuevas, of Villa Clara, under date 20th of January, 1870, wrote as follows:

«Some troops came to a ranch at Arroyo Blanco, where the quite citizens, Pastor Figueredo and Antonio Leon both over 70 years old, were living. With them were Doña Caridad, daughter of the first, and her children. The Soldiers surprised them just as the moon was rising. Medina and Juan escaped after a struggle, the first with three bayonet wounds in his chest and arm, and the second with four. Ramon de Leon fled into the woods, and then the brutal soldiers tied Doña Caridad and the two old men and burned them alive in the hut. The charred corpses were found next day. The atrocities which the Spaniards commit are more horrible each day. In January they found the wife of Nicholas Chirino, Prefect of Sitabo, and her son, 12 years old. The boy attempted to run away, but his mother retained him, believing that the fact of his not trying to escape and his age would save him from the fury of those tigers. But in spite of all her tears and entreaties they broke his thighbone with a bullet, and when he fell into the arms of his poor mother they rushed upon her, dragged him from her, threatening to kill her if she moved, and then before her eyes mutilated her boy with fiendish obscenity, and gashed and stabbed him to death».

In July, 1870, the traitor Lolo Benítez at the head of a party of volunteers attacked Riíto (Jiguaní), and captured 19 prisoners, of whom two were old men, two were sick, and the rest were woman and children. They were all killed, and corpses mutilated.

In November of the same year, after a fight between the Spaniards and Cubans at La Agüada (Tunas), the former surprised the peaceable citizens Macias and Manuel Fornes. They had never taken part in the revolution. With these victims the Spaniards added to their brutal cruelty the most fearful blasphemy. They enacted amid oaths and profanity with these men the fearful tragedy of Calvary. They stuck crowns of thorns upon the heads of the victims, whom they made to carry crosses, and crucified. They then chopped the crucified to death.

In the month of October, 1870, shortly after the massacres of the Caballeros and the Molinas, a column surprised Manuel Montejo, a most quite and respectable old gentleman of over seventy years of age, and Francisco Benavides, a young man, on Mr. Montejo's place, San Severino, three leagues from Guasimal, the scene of the Molina murder. With Mr. Montejo was his daughter, a charming young married lady. When the column came up, the men were dragged out of the hut, and the old man, who was very infirm, was seated in a chair. His daughter, with her arms round the dear old father's neck, assured the commander of the forces that her father had intended to present himself long ago, but that he was so weak and infirm that he had not been able to make the journey, a long one, to the camp. She spoke to brutes, not men. One raised the butt end of his musket, and was about to brain the old man, when she fell across her father, taking his head in her bosom, and received on her back the blow that would have killed him. Her filial love was vain, She was forcibly dragged away, and the hands of the old man, of Benadives, and of a mulatto on the place were bound. The victims were then taken a hundred yards from the hut, and gashed and slashed and stabbed to death. The corpse of the mulatto was laid across the other two, and the savages then returned to the hut, and told the poor, solitary, defenseless, half frenzied woman to «Go and bury them if you choose,» and she did.

In the early part of January last, Mrs. Aguero, with her two daughters Leocadia and Clotilde, aged eighteen and fifteen respectively, were living a retired life on their state La Gloria, distant some four leagues east of Puerto Principe, on the Sibanicú road. Mrs. Agüero, who was a celebrated belle in her younger days, still retains more than average charms. Kindly, accomplished, delicately reared, and still beautiful, she is one of the women of whom Camagüey is justly proud. But the surpassing loveliness of her daughters, Clotilde especially, casts all other Cuban beauty into the shade. With a skin as white as driven snow, and a prodigious wealth of golden hair, nature has adorned her with eyes black as night, black eyebrows, and long, black, silken eyelashes; a type of beauty rarely met with. Her form is as perfect as her face. A column of Spaniards, commanded by Brigadier Fajardo, the same scoundrel who replaced Morales de los Rios in Santo Espiritu, arrived at La Gloria. The ladies were ordered out and told to get up on the saddles in front of the men. They were to be taken into Puerto Principe. Every feeling in the bosoms of these tenderly nurtured and beautiful creatures revolted at the though. To sit on the saddle, in the arms of such dirty, stinking, brutal, disgusting creatures? No, they would die first. They declared that they were ready to walk; and along the rough road, with the brutal soldiery, the scum of the world, jeering them as they went, these beautiful and defenseless creatures plodded for some five to six miles. The whole distance to Principe is about 12 miles. After walking thus far, Fajardo rode up to the head of the column and asked of an orderly, «What--is the matter? Why don't you get along faster?» He was informed that the column was moving forward as fast as the ladies could walk; that they had declined to ride on the saddles with the men. «What?» he exclaimed, «they won't ride with my men, won't they? I will soon see about that. Halt the column. Now 10 or 12 of you run into the woods, cut a dozen withes, strip the women, and I'll flog them till they obey.» One man –perhaps he thought of his mother and a sister – dismounted, and most respectfully approaching Mrs. Aguero, hat in hand, said: Madame, I beseech you to comply with the commander's order, however repugnant it may be, for I know him, and he always executes, when he can, what he threatens.» The ladies yielded, and so these tender women were brought into Puerto Principe each seated in front of a dirty, low-bred ruffian, with his arm around her body. The shock was too great for the beautiful Clotilde. On reaching Principe the whole of the lower part of her body was founded to be paralyzed, and Dr. Risco, who attended her after her arrival, says he doubts if she can ever recover.

Rafael de Varona had served in the cavalry under Ryan, and, when the later left the Island, was appointed to the command of the corps. At the time of his capture be was on a visit to a rancho that had been built in the woods, where some thirty ladies, including three of his own sisters, and many children were hidden. Guided by some vile traitor, a body of Spaniards, divided into two columns, came up and surrounded the rancho. Varona knew that his hour had come; but seizing his revolver, he issued out to meet the tyrants of his country. The women and children fled dismayed. A bullet from an American musket struck Varona and broke his thighbone. On one knee he discharged six shots of his revolver and wounded two men. As noon as his shot were expended, the Spaniards rushed on him, and slashed and stabbed him to death. They were unable, however, to identify their victim; and seizing one of the young ladies, Maria Aguilar, they drugged her up to the corpse, and threatened her with death if she did not divulge the name of the murdered man. She professed entire ignorance; she said she was from Holguin and knew no one of that jurisdiction. One of the *movilizados* coming up to the body recognized it as that of Varona. The exultation among the savages was great. They gathered all the women and children from the woods, and drew them up in line, and then tying Varona's body by the heels to the tail of one of the horse, they dragged it up and down before them, his own three sisters standing in the line. In dragging it. it caught against the stump of a tree, when the commander of the column yelled out to the savage that was riding the horse which was dragging the body, «Dig in your spurs and haul him out of it;» and to the infinite amusement of the gang, Varona's head was nearly pulled from his body, and the stump was besmeared with his brains.

Probably in no land and in no age has such a devilish invention of cruelty been witnessed as that by which Manuel Garcia was brought to his death. His solo crime was that he was manager of the estate Triunfo, belonging to the Guerra family, whose owners were serving in the patriotic ranks. Personally, Guerra had never given aid or assistance to the Cuban cause in any shape. He was captured while inspecting the fences of the place by a column of regular troops. They dragged him to a neighboring tree, and under it they tied the old man's hands together by the wrists over his head. They then attached to his wrists one end of a rope, and throwing the end over a branch of the tree, fastened this other end to a stake in the ground. They previously lifted the old man up, so that when the rope was taut from the stake across the limb of the tree his feet dangled about a yard from the ground. Hauling then at the rope near the end fastened to the stake, they hoisted him some 20 or 30 feet in the air, and then suddenly let go. At the first fall both of the old man's arms were pulled out of the sockets. The agony was fearful. He implored them to kill him, but the fiends, gloating in his torments, continued hauling him up and letting him fall, till every tendon and muscle in his body was severed. This lasted some 30 minutes, and at last, finding that life was not yet extinct, the brutes took stakes out of the neighboring fence und brained their victim to death.

The Mola family is, or rather was, of the wealthiest in Camaguey. It was of those «all of whose sons are brave and all the daughters beautiful.» The men by experience, exposure, and manly pursuits on their vast cattle estates, inured to hardships and exposure, the picture of health and virility; the daughters refined, accomplished, and of surprising beauty, the pride of Puerto Princip and of Camaguey. All the men of the family joined the revolution at its outbreak, and the women went heart and soul into the movement, as did the noblest of our own in 1776. All the sons of the family were married, and the two female victims of the last brutal assassination, Mercedes and Juana, were sisters—-, maiden names Mora- renowned for their beauty and accomplishment, and married to Melchor and Alejandro Mola, husband of Juana, was lame before the revolution, and received a shot in battle which broke his other leg, and, being unable to get away, was deliberately hacked to pieces by the Spaniards. Another brother, Gregorio, had met a precisely similar fate a short time previously. He had been surprised by a large body of Spaniards, and endeavoring to escape, his sword tripped him, and the Spaniards came up and dispatched him. A nephew of these gentlemen, Julio Mola, was living in a hut in the woods with his wife, on his place near Las Parras. He had retired from active service in the revolution in consequence of wounds and partial loss of sight. One day the Spaniards, led by Capt. Obregon, found their way to the hut. Julio Mola, by his unceasing vigilance, saw them and got away into the woods at the back of the hut. Obregon asked his wife where he was. She replied that being unable any longer to serve Cuba, he had intended to surrender, but that for fear of Obregon, he had fled to the woods. Obregon told her to assure him that he need have no fear, that Obregon would be personally responsible for his life. Hereupon the wife went into the woods and called him. He came obedient to her call. «Come,» she said; «the officer in command had given me his word that your life will be spared. You can no longer serve your country. Let us all go in.» Mola, his wife, and their two young children were then conducted to the Spanish fortified camp at Las Parras. Here they were detained five days; and Obregon, in violation of his plighted word, or at least to evade complying with it, handed them over to the commander of the fort. On the fifth day after their surrender they were all ordered to get on horseback und proceed to Puerto Príncipe. On reaching the estate of Santa Isabel, the Spanish commander of the column ordered the wife and children ahead. As soon as they were out of sight, Julio Mola was told to dismount, and be was then and there cut to pieces. Not a shot was fired. His corpse was left unburied, and the murderers rode up to the head of the column and conducted their victim's wife and children into Puerto Principe.

The following account of the brutal murder of the ladies Mercedes and Juana Mola, and five of their children, is taken from the lips of the little son of Mercedes, whom the Spaniards had left for dead. These ladies, of whom, as I have already said, one (Juana) was a widow, were living in a hut in the woods, close to the Spanish camp at Lazaro. With them were three children of Mercedes and four of Juana. Melchor Mola, the husband of Mercedes, had been Prefect of Caonao, under the Cuban Government, but had retired from service. He did not enter the army on account of his weak state of health, and had been for many years, alike in Cuba, in Paris, and in this city, where he was educated, subject to a species of epileptic fits. The ladies had no servant with them, and Melchor lived in a small hut, about a mile from his family. Lazaro is distant about 12 leagues west of Puerto Principe, on the Espíritu Santo road, and the Spanish camp there was commanded by Col. Francisco Acosta, a renegade Cuban. This Acosta, on the

very day of the massacre, the 6th of January last, stopped at the little rancho of the Mola ladies, on his way from Puerto Principe to his camp at Lazaro, and asked Mercedes to influence her husband to present himself, adding that he would be at his camp all that evening, and that he would expect to see Melchor Mola there. At about nightfall some of the Spanish soldiers from his camp presented themselves at the rancho. They forcibly dragged the ladies and their children out of the hut, and then threateningly told them to deliver at once all the money and jewelry in their possession. The ladies replied that they had none, when one of these brutes, enraged at the prospect of being thwarted, drew his sword and struck Mercedes a fearful blow on her shoulder. On seeing this outrage, the little boy, who escaped and tells the story, rushed to his mother and begged her to deliver everything she had, and save her life. Meanwhile another infernal scoundrel had felled Juan to the ground. Then, maddened like tigers by the blood of their victims, the carnage was general. Mercedes was struck to the ground with a fearful cut on her head, and there, weltering in her gore, she was literally hacked to pieces. Her corpse when found was one mass of cuts and stabs. The little boy had fallen under his mother's skirts, and the brutes thought he too was dead. He was only badly wounded.

Poor Juana underwent the name fate. There was not a foot square in any part of her body that these fiends had not gashed. The beast than killed four of the little children, cutting them up in pieces. All these was outside the hut, and when the bodies (six) were found the head of one poor little fellow about four years old was missing. It is said that it was carried off on the point a bayonet as a trophy. The refinement of inhuman cruelty was reserved, however, for the child, a beautiful little girl, onlv two years old. The savages set fire to the hut, and pitched the poor little soul alive into the flames. The words of her little brother when telling it were: «*Mi hermanita estaba vivita quemada*» Acosta confesses in his letter that he heard of the deed that night, that he heard from his camp the shrieks of the women and saw the flames of the burning hut, and yet he coolly moved into Puerto Principe next morning, without even visiting the scene of the massacre. The little boy, whom the Spaniards left for dead, got up as soon as they left and went into the woods. He stated that twice or three times during the night be ventured out into the road in the hope that he might meet somebody be knew. In the morning he met it mulatto, a former slave of the family, and to him he related what had happened. The. mulatto accompanied the child, and found the mutilated corpses of the ladies, and children. He then took the boy to where the father was hidden in the woods. Melchor Mola, on bearing the fearful recital of these brutal outrages, fell senseless, and died a few days afterward. The ladies Mercedes and Juana Mola were aged respectively 35 and 33 years. Mercedes in her maiden days was the recognized belle of Puerto Principe and was called «La Bella Camagüeyana».

In the early days or the war Mrs. Anita Caballero, a wealthy and most estimable old lady, 72 years of age, was living with her family, consisting of five sons and seven daughters, on her sugar estate Ingenio Grande, three leagues from Puerto Principe. Her sons had never taken any active part in the insurrection, none of them had ever served the republic in any capacity either civil or military. In June, 1869, the Spanish columns went to the place and took all the sons – three–that were at the time in the house. The commander of the forces said that he had orders to take them into Puerto Principe. All three were captured without resistance; one was an idiot from his birth, a perfectly harmless, simple creature. The Caballeros never reached the city. They were knocked on the head on the road, and bayoneted to death, the idiot included. Their sole offence was that they were born Cubans, and wealthy. When the Cubans heard of the massacre of Mrs. Caballero's sons they sent her word, and fearing that she might meet a similar fate, implored her to leave her estate and hide somewhere in the woods. She followed this advice, and with her remaining sons, Juan and Manuel, and her daughters, took refuge at Santa Ana, a stock farm nearer to Principe, a league and a half from Guasimal. Of her two sons, Manuel was dying of consumption, in fact, he hardly breathed. In October, 1870, a body of some 400 Spaniards was sent from Guasimal to Santa Ana. The family was taken by surprise. Manuel, of course, was at home; he was at that time too low to move out, and his brother, unfortunately, was taken also. The brutes tied Juan Caballero's arms in presence of his mother and sisters. He was then taken some two hundred yards from the hut, some three hundred of the four hundred men accompanying him, and was there shot. Manuel had been brought out of the hut seated on a chair, as he was too weak to stand, and his poor old mother stood at his side, supporting his head on his bosom. The guard, some fifteen or twenty men, left at the hut, told his mother that they had orders to take him, dead or alive. She implored them to have a regard for his condition —-he was more dead than alive; but he spoke to brutes in whom all human feeling had long ceased to exist. «At least, » she said, «let me get him a cup of broth, or he will die on the way.» To this they consented; and as she turned to go into the hut one of the villains sent a bullet right through the skull of her son. The ball entered his forehead, entered his mother's body on the left side of the sacrum. It passed down the left thigh, and was extracted three days afterwards from the upper part of the left femur by Dr. Risco, who gives me these particulars. As Mrs. Caballero fell, she exclaimed, «Oh, you have shot me!» She did not even know at the moment that the bullet which struck her had killed her poor sick son. The bullet, Dr. Risco said, was an ounce ball; and when he extracted it it was flattened out at both ends, retaining its original caliber in the center. On examining it, he discovered that, tightly wedged in the center of the ball, and between the two flattened ends, were small pieces, of human bone. In its course it had not struck any bone in Mrs. Caballero's body, but particles of the bone of her son's skull had been driven some eleven inches through the mother's flesh. When she was shot the only reply which her exclamation evoked was «Serve you right for being with the insurgents.»

About the same time Messrs. Juan and Romualdo Molina were on their cattle farm at Guasimal, eight leagues from Puerto Principe, on the Vertientes road. With them was the wife of Romualdo, a daughter of the Mola family, niece of Gregorio, Alejandro, and Melchor Mola, whose murders have already been detailed, and a little brother of hers, 11 years old, Aurelio Mola by name. A Spanish column, 800 to 1,000 strong, came to the estate, and not finding the men, took Mrs. Molina into Puerto Principe. The men were hidden in the woods at the back of the house. They had built three palm huts in the woods, one further removed than the other from the dwelling-house of the estate. A negro had assisted them in building these hiding places. He subsequently ran away, and was either captured by the Spaniards or for a reward denounced his former masters. Shortly after the capture of Mrs, Molina the Spaniards returned with the negro, who led them to the third hut. Here the Molinas and the last of the Molas were taken. Their corpses were found on the following day, but so fearfully mutilated as to be scarcely recognizable. The genitals and ears of all three had been cut off, and the body of the little boy was so hacked to pieces that he was identified only by his clothing.

Shortly after the outbreak of the revolution, and before the atrocities above related had occurred, Mr. Morel, a Cuban who lived a short distance out of Puerto Principe, sent his daughter, a grown-up woman, into the city to draw some money which he had deposited some time previously in the bands of a Spaniard. When Miss Morel slated the object of her visit the Spaniard rudely replied that he had not got it. She left, and was about to return to her father's house. The Spaniard, thinking it was a good opportunity to avoid the payment of the debt, repaired to the Governor of the place, and stated that he had reason to believe that the real object of Miss Morel's visit to the city was to bring correspondence from her father to certain aiders of the insurgents in Principe. On this the Governor ordered the young lady to be brought before him. She had not yet left the city, and she was conducted to his presence. He then ordered her to be stripped by a woman in an adjoining room, and after her clothes had been minutely searched, he made her pass in review before him and a lot of officers of his staff with nothing on her person but one undergarment.

New York, Dec 10, 1871.
L. W. De Luaces.

Reminiscences Of Josephine T. Del Risco.[45]

Reminiscences Of The Cuban Insurrection Of Oct. 4th 1868.

Thinking that it would be pleasant in afterlife, for my children to know all they had passed through in their early childhood during the insurrection in Cuba, I thought I would take down a few notes as far as I can remember of what occurred at that time.

In June of 1868 we had just returned to our home in Puerto Principe after having spent several months at our plantation La Josefina, when we began to hear rumors of an insurrection to which we paid but little attention, when later on, near the month of September we heard it was indeed true that armed bands were forming in the country which were increasing in number, as each day young men left the City to join them, with many of whom we were well acquainted, being sons of the first-families of Pto. Príncipe. Reports of different friends were constantly reaching ears, and at last we heard they were about to enter the City, and in case they made their entrance at night, the people were to be notified by the ringing of the church bells. Anxiety and consternation was so great throughout the City that any unusual noise would cause alarm, and banging of windows and slamming of doors could be heard in every directions; At last the Governer commenced arresting the most prominent men in the community, the first being Dr Manuel Ramon Silva who lived opposite to us, and on the following day (Sunday) my husband Dr Justo del Risco had been out to make his early calls before breakfast, when upon alighting from his carriage upon his return home two Officers

---

45   En el manuscrito se lee a continuación: «Commenced Oct 17 1887. Finished July 2 1889. Brooklyn.» Se encuentra en el Boston Medical Library.

stepped up, and said, the Governor wished to speak with him, whereupon he requested them to wait a few moments until he should change his dress, as they refused this, he entered the house informing his mother, and myself that he was taken prisoner, upon hearing this I at once determined to accompany him, and entered the carriage in which we were driven to the barracks of «Las Mercedes» where we found a number of other gentleman who were also suspected of giving aid, and encouragement to the insurrectionist.

The population was indignant at the fact the Government was taking in the imprisonment of so many influential men, and one Spaniard named Fortun ~~and~~ married to a Cuban lady and friendly to the Cubans, seeing the effect it was causing, went to the Governor advising him to immediately give them their liberty, which he did the following day. Some few hours after, my husband went out on horseback for a short ride, when a lady friend seeing him, called him, to say, she had heard he was to be rearrested, upon hearing this, he immediately returned home to make arrangements to go with all the family to our plantation La Josefina about thirty miles from Principe, where preparations were being made to set up a Steam Engine which had recently arrived from the U. States. So leaving the key of our house with our friend, Doña Angela Guerra we hastily bade her good bye expecting to return at the end of the grinding season. As the R. Road had been partially destroyed by the insurgents we were obliged to go in our carriages. Our party consisting of my husband, his mother, our three children, Justico, Arturo, and Chicha, Mrs. L Simoni, Ella Agramonte myself and several servants.

As soon as our Engine was set up, and the plantation in good running order, we intended building a house suitable for a large family and had already sent to New York for models to choose from as the cottage already there, was scarcely large enough for our own family we were unwilling to take any one with us, knowing they could not have the accommodations we would wish to offer them, but as both Simoni and Agramonte had joined the insurgent bands, we could not resist the pleading of their wives to take them with us, as in that way they hoped to have an opportunity of seeing their husbands which they could not otherwise have had. So we all started off, little thinking of how many hardships were in store for us, and that nearly three years would elapse before we would cross the threshold of our house, and then to find our wardrobes and closets sacked and most valuable things stolen.

Napoleón Arango who had been chosen Commander in Chief of the insurgent forces, (which circumstance was unknown to the Captain General), went to town to interview Balmesada, the result of which was an agreement between them, to the effect that Arango should return to the insurgents and endeavor to use his influence in making them desist from the idea of a revolutionary movement and in case of success, the Capt. Gen. on his part pledged his word to extend to the Cubans the advantages and benefits of all the privileges which had been granted to Spain, announced in the Government Gazette. Being thus agreed, Arango went back to Las Minas, a small village about half a mile from La Josefina, where the principal men of the revolution were assembled, of whom were four hundred in number, and holding a Mass meeting at the Rail Road depot with the object of reporting his interview with Capt. Gen so they might consider it and determine what should be done, they passed the night in heated discussions, and in arguing the situation and finally decided there was no alternative but to fight for the independence of Cuba.

With the Governor's proposition to the Cubans the Commander in Chief Balmaseda sent them word that if they did not accede to the terms offered them, he would the next day pass down the R. R. line and destroy everything before him. As the railroad track passed directly through our cane fields, we knew there would be no mercy shown us, so as soon as we heard of the decision of the Cubans, we immediately packed our clothing, and some mounting in the carriage, and others in an ox-cart, we started for El Navío the plantation of Melchor Bernal which was from four to five miles distant, the family was not there but we were cordially welcomed by his son Fernando and soon were made as comfortable as possible under the circumstances. The following day true to his word, Balmaseda [sic] started with his troops for Nuevitas, the seaport, but when very near La Josefina he was met by a handful of Cubans not over fifty in number, who after a few hours fight thoroughly count Balmaseda and crestfallen, leaving his dead and wounded, he turned off from the R. Road line and went in another direction. As we could clearly hear the booming of the cannon it was a very sad and mournful day for us.

We remained at El Navío for five months never leaving the plantation but once, to go to the one adjoining to see some friends, meanwhile we often entertained the Cuban troops in numbers ranging from twenty to three hundred, and sometimes the wounded were brought to «El Navio» so they might have the care and attention of the D^r whose health was poor but when able was always at his post of duty ready to alleviate the sick and suffering.

Mrs. Simoni and Mrs. Agramonte still accompanied us, until January Mrs. Simoni heard that her husband had been taken prisoner at the village of Moron and had been sent to Havana. Hoping she might obtain his pardon by going in person to the Capt. Gen. she immediately determined to make the effort to release him. All communication by rail with Nuevitas was cut off so there was no other way than to go on horseback, but who would take her? We did not know, as travelling everywhere was dangerous, but she was determined to go so my husband decided to send for a young Irishman whom he knew could be trusted and who owed him some favors, and stating the circumstances asked if he would accompany Mrs. Simoni to Nuevitas. At first he hesitated as having escorted a number the families to that place, the Spaniards began to look upon him with suspicion, but upon impressing upon him the urgency of the case, he finally consented. We soon prepared everything for the journey and with many fears for her safety we bade Mrs. S. adieu as accompanied by the kind hearted Irishmen she started for Nuevitas to take the Steamer for Havana, having already given her a letter of introduction to Mr. Gibbs, the American Consul who was a friend and I knew would treat her with all possible attentions.

After arriving in Havana she was repaid for all her trouble in finding her husband had been pardoned and was already in that City where they were soon reunited.

Mrs. Agramonte remained with us until March when her husband came and took her to where his mother was staying with some friends. About this time we were informed that the Spaniards troops were on their way to El Navío having been to La Josefina destroying and taking away everything they could find. We soon collected the few things remaining to us, and packing our clothes, prepared to fly to some other place of safety. The family of Melchor Bernal who had joined us a short time before, accompany us. Hoping to secure to themselves some comforts for a while longer, they loaded an ox-cart with chairs, cots, cooking utensils and many other things, and on top of all these things seated a poor old negro woman a former slave, and a little negro boy[,] a child of our slave Gaudalupe, the roads being pretty bad upon crossing a wide stream the cart gave a sudden lurch and turned completely over tumbling the poor old woman and boy to the ground. Although at the time under the circumstances it did not seem ludicrous, but after our danger was passed we were in a place of safety, I could not help laughing heartily over the occurrence. After riding some distance we came to the potrero (cattle farm) of Don Ramón Basulto who very kindly welcomed us, and made us as comfortable was in his power, but not more than two or three days had passed before we heard that we had scarcely left El Navío before the Spanish troops arrived and commenced destroying the dwelling house, sugar house, and the Steam Engine, killing all the animals they could find, among them two little lambs that belonged to Justico and Arturo, and three little white hens, with their chickens a few days old, belonging to the children.

Upon hearing the Spaniards were so near and fearing they might discover our whereabouts, (as they were constantly in pursuit of the insurgent families, making the woman prisoners, and shooting the men if they happened to meet them), we concluded not to remain where we were, but went to another potrero not far distant to await further notice of their movements. We remained at this potrero of Don A. Medrano overnight returning the next afternoon to that of Don Ramón Basulto, and thinking we were not safe there we determined to go farther on, scarcely knowing where to go, at last we came to an old deserted house where we soon arranged our beds, and after partaking of some meat and bananas which our servants prepared for us, we laid down to rest, hoping to be refreshed for the journey the following day, mosquitos and fleas were plenty but notwithstanding the annoyance we managed to get a few hours sleep, and early the next morning were again ready to start. It was cool and the country so beautiful we wandered along enjoying our lovely ride although our hearts were heavy with the sadness of the situation. We at last came to a house where we stopped to take breakfast and rest our horses, as our carriage had been burnt by the Spaniards we were obliged to travel on horseback. All who were living in the country were Cubans who had declared for the freedom of the Island, and had hurriedly left the city to join husbands, sons, and brothers. Taking what little they could secretly carry with them, but few articles of comfort and none of luxury could be found, so when we sat down to our breakfast the table cloth was a large banana leaf three yards and a half long, and the width of the table, it was the largest I had ever seen either before or since that time, it looked so fresh and beautiful we quite enjoyed the novelty, after stalling around awhile, we again mounted our horses and riding till toward the Evg. we came to the house of Dn J. Marin who kindly received us and gave us shelter for several days, we were discussing which was the next move we should make being anxious to find some place where we could be permanently located for a while at least, when we heard the Spaniards were but a short distance from us, with all haste possible we again gathered our few necessary articles and with the families of Bernal and Marin about twenty in number again set forth to seek some other place of refuge, we soon came to a river which although narrow, was not so deep but that we could have waded across, we were in too much haste to stop to take off our shoes and not wishing to ruin the only ones, we possessed were hesitating when our faithful negro Ramon came forward and carried us all over in his arms. After riding several miles near nightfall we came to a ranch where about fifty other refugees like ourselves were flying from the Spanish troops. There was scarcely a spot to be found where to make our beds which consisted of a seron or pannier for the D^r and boys, and Mamita Pepa and myself, slept by turns with Chicha (Josei), on a cot we had been able to take with us, almost exhausted from fatigue, we were again forced at break of day to resume our journey hoping to find some comfort in La Caridad of Vecisa to which we were hastening, but alas! what was our disappointment and disgust to find upon arriving there that not only the principal house was occupied but also all the *ranchos*[46] that had been erected in the farm. What could we do? There was not another house within many miles and we had no place where to lay our weary heads, on making a virtue of a necessity we decided to make a room at one end of the *Cocina*[47] by hanging up sheets and shawls. The Cocina is a long shed where the cooking is done for the negroes and workers and over fires placed between stones, and at the end of this one was

---

[46] Palabra en español que signfica «hut» en inglés.
[47] Palabra en español que significa «kitchen» en inglés.

an apparatus for making cassava a kind of dry cake made from a vegetable called yucca and used in place of bread. It was near this apparatus the room was made and occupied by Mrs. Bernal[,] her daughter America[,] Mamita Pepa (my mother in law)[,] myself, Arturo, and Chicha, ~~and~~ often we were amused listening to the singing of the negroes while they cheerly ground the yucca apparently unconscious of the suffering around them and no doubt anticipating the day when they would enjoy the freedom which the Cubans had already given them.

The D^r with Justico and Melchor Bernal with his sons slept in hammocks swing under the shed or Cocina, and during the day we occupied this place as a sitting room, as now we have taken full possession of it, and only those who worked at the cassava were permitted to do any work there. In this way we passed some days hoping to hear of some house being vacated to which we might resort, but we waited in vain and at last determined to make ourselves a little comfortable by making a room of guano leaves, as sleeping and living in the open air for any longer time was unbearable, so orders were given to our negroes (who were now free but still remained with us) to bring the guano or palmetto leaf, and soon Ramón Rufino with José del Carmen and Mateo ~~soon~~ [48] made us a very comfortable apartment which we thoroughly enjoyed after living in the open air for nearly two weeks.

As we felt ourselves settled at least for a time, we soon looked about for some way of occupying ourselves, and while the others ladies mended their clothing and braided the palmetto into hats for our use, I busied myself in teaching the boys their lessons, from their school books, which I had brought from the City and which I always left near at hand so as to improve every spare moment not knowing of when they would again have an opportunity of attending school, and wishing to have them as far advanced as possible should they live[49] to go North. Every day I devoted two or three hours to teaching them, but soon this had to be put aside when our poor little M Louise was born. The Bernals having built themselves a ranch we now had the room to ourselves and were much more comfortable alone being able to have some privacy, but a heavy rain storm a few days after our

---

48   Palabra tachada en el manuscrito.
49   Have?

little darling came, poured in under our bed with such force, seven men were employed to bale it out of the shed, but notwithstanding it rained in under my bed and we both took a heavy cold and were very ill, the babe soon after dying of tetanus, or lockjaw, which is quite common in Cuba among infants of a few days old. One of our negroes being a mason the D^r had him make a little vault in which our little darling was placed hoping some day when Cuba should be free to take her to the City and lay her by the side of her other little brothers and sisters. Although a sad event for us all yet we knew and felt she was taken from a good deal of suffering which afterwards proved to be the case.

We remained at Viara about three months with very little to vary the monotony of our life being almost completely cut off from the rest of the world and feeling quite secure as we had heard nothing of the Spanish troops in a long time, we thought we would visit some friends of the Bernals, named Marin who we heard were at a potrero la Merced de Viara some two leagues distant near the ocean, so we mounted our horses early one morning glad of the change and with anticipation of a pleasant day. I had a very fine saddle horse which I still rode, but that day he was somewhat lame so the D^r gave me his pet horse a very spirited animal but very easy for lady although only one other lady beside myself had ever ridden him, he behaved however very nice, and I was congratulating myself upon his good conduct, when José Bernal, who rode by my side said, «do not place too much confidence in him for some day he will play you a trick» to which remark I did not pay any attention but rode on entirely joyful of the gay characters of my steed until suddenly I found myself flying along at the rate of a mile a minute. José Bernal wishing to arrive at the potrero in advance of the party to announce our coming, without saying a word, put spurs to his horse and started off at full speed, mine not wishing to be left behind, followed suit and started off after him. Some young fellow seeing the danger I was in, spurring their horses in the endeavor to catch mine only made him go the faster and every moment I expected to be thrown, or dashed against a tree which we were fast approaching, when fortunately, my saddle turned and as I slung to it the horse came to a sudden stand still. It seemed providential for had he gone a few feet farther I should have been thrown against the three and in all probability been killed. By this time the party had all caught up to me. The D^r who had Chicha (who was only three years old) on the horse before him, was powerless to help me and his feeling may be more easily imagined than described as he saw me in such imminent danger. I however soon recovered from my fright and again mounted my horse, arrived shortly after at our destination. As these people had not yet been disturbed by the Spanish troops, they still enjoyed the comforts of which we had been deprived long since, but which we were very glad they still possessed. The day passed very pleasantly and in the afternoon we all rode to the beach, the ocean looked grand to me after being pent up as it were, for such a length of time and a feeling of awe, and intense sadness came over me as I thought of the loved ones so far away, and of the uncertainty of when if ever, I should ~~ever~~ see them again.

We lingered around hating to leave this lovely spot, but as nightfall was coming in, we reluctantly turned our steps ~~towards~~ [50] towards Merced de Viara where we passed the night and early the next morning were again on our way to la Caridad de Viara.

This little change in our monotonous life only gave us a greater desire to make a permanent one as we had been several months at Viara, and were heartily tired of it.

We had not heard of the movement of the troops or anything from the Cubans in the surrounding county, in fact we felt completely cut off from the rest of the world and determined to move to some other place, but it was necessary that someone should go out and reconnoiter and find some spot where we would not be likely to be molested by the Spaniards and where we could get the necessaries of life.

Although the D^r had been very sick nearly ever since we had left the City he now began to feel better so determined with José Bernal to start out in quest of a new habitation where we might be near persons of our own standing and could hear something that was going on in the Island. They had only been gone two or three days when much to our astonishment Mrs. Bernal and her daughter informed us that they intended leaving for Caonao the next day, we said nothing but felt it was an infamous act, to leave my mother in law myself and children so entirely unprotected. They said they should start early the next morning and as they did not want the pain of

---

50 Palabras tachadas en el manuscrito.

parting from us, as they always hated to say good bye to friends, they wished we would not disturb ourselves by rising early to see them off. As we were annoyed at their conduct, beside not caring to be disturbed so early in the morning, we concluded to remain in bed little dreaming of the villainous part they were acting. Shortly after they had left, Mamita Pepa arose and upon going out returned in great haste saying that Rafael and Rufina (our cook and her husband) had gone with the Bernals. This accounted for their going during the absence of the D^r and the *pain they would experience in bidding us good bye*, as having no servants of their own they determined to steal ours by making offers of land and money when Cuba should be free. Fortunately we had other servants left us, so we called Guadalupe to cook our breakfast when upon going to get the meat, there was none to be found and upon looking still farther, we found the Bernals had taken all the meat, bananas, casave and lard and left us without anything to eat. We immediately sent for the Administrator of the potrero and told him how we had been treated and asked him to see what he could do for us, as at that time meat and vegetables were not ~~easy~~ to be obtained. He soon however sent us a few bananas and a small piece of meat of which we made our breakfast. We managed to get through the day with the little the overseer could give us, but the Bernals had also taken all the candles so we had nothing with which to illuminate our sitting room (Cocina) and after putting the children to bed, Mamita Pepa and I were sitting in utter darkness talking over the vile conduct of the Bernals, when we heard the sound of horses feet and someone approaching and what was our surprise and joy to see the D^r accompanied by a young friend Bernado Montejo, but Jose Bernal was not with them, upon enquiring for him, they said he had come with them to an inn where they had stopped to take refreshment and rest their horses, and the host told José that his parents had stopped there that morning and left word for him to go to a potrero not far distant where he would find them, they were thunderstruck at the news, as they supposed the Bernals were at Viara, but José bade the D^r and young Montejo adios, and went to look for his family apparently very much mortified and surprised at the stop they had taken.

The D^r as may be imagined bursting with indignation at the base ingratitude of Bernal who was in every way indebted to him and whom he supposed was his friend, and hastening onward to Viara he found as I have maintained alone and in darkness. Fortunately, they had brought provisions with them so supper was soon prepared for them after which we all retired for the night so as to arise early to make preparations for our journey of no less than seventy miles to San Diego an hacienda[51] where Dⁿ Carlos Guerra with his family were staying. Beside being warm friends of the D^r they needed his services for one of his daughters and were anxious we should make our home with them so for that purpose he spoke to his young friend Montejo to accompany the D^r and provided everything necessary for the journey excepting the horses which belonged to us. All day we were busy getting ready when in the afternoon a negro[,] a former slave of Melchor Bernal[,] made his appearance with his head bound up, saying he was sick and asked permission to remain over night to which we consented telling Guadalupe to give him whatever he needed, little dreaming it was only a ruse of his master to steal our only remaining female servant, as when we arose the next morning we found Guadalupe had run off with the negro and the following day we met her on the road with Bernal and his son, which confirmed our idea of his having sent the negro to steal her.

The number of our servants were reduced to two, José del Carmen and Mateo, with whom we started in our journey, about ten o'clock, we stopped at a potrero to rest awhile as we had ridden since six o'clock and were feeling quite hungry. We were kindly received by the owners of the potrero and they immediately set before us what seemed to us a delightful breakfast as it was a long time since we had had anything beside meat and bananns. We enjoyed it heartily and were about to set forth in good spirits, calling José del Carmen to bring up our horses, when what was our dismay after calling a long time and searching everywhere for him, he was nowhere to be found, so presuming he had returned to Viara where he had left his affections as he was very much in love with a young mulatto girl who lived near there, we concluded there was nothing to be done but make the best of it and go off without him, quite disheartened however at being left with only one servant, but with the hope of procuring others when we reached San Diego. We started off riding through dense woods and crossing rivers which in appearance were only small streams, but which in the rainy season swell and rise to a great height

---

51   Palabra en español que significa «state».

overflowing their banks and sometimes becoming impassable, but at that time being the dry season, we crossed them in horseback without any difficulty.

Towards Ev'g we saw in the distance a large savannah and our hearts sank within us when we thought we might not find any place of shelter before night came on, and as we looked in every direction hoping to see some habitation we discovered a light, and following it came to a rancho occupied by a man and his wife, the woman had gone to see a sick neighbor, so we were at once given possession of the only bedroom there was, as it was entirely destitute of furniture, we soon managed beds (which were the serons or panniers in which we carried our worldly goods) and after lighting some wax candles we had brought with us, we took out some food we had provided and ate heartily. After finishing our meal, without removing our clothes we laid down in our hard beds, on the floor hoping to get a little rest after our wearisome journey, but we were sorely disappointed for about 3 am, we were awakened by the stamping and neighing of the horses as if something was wrong, and fearing someone might be trying to steal them, the D^r hastily arose, and upon going out found it was only the men belonging to the ranch who according to their custom had arisen at that early hour, and were making their coffee, or rather their sugar and water as coffee was a luxury rarely found in «Cuba Libre». As all had been disturbed and it was near day break, the D^r thought we had better start again our journey as we had a long distance before us, so when our horses were saddled and everything in readiness, we set out glad enough to leave that desolate ranch. I was quite annoyed however after riding some miles I found I had forgotten my earrings, as being uncomfortable to sleep in I took them out and put them under my head on the floor, and in our haste to leave I did not think of them again. They were not very valuable, however, only for the [value] associated with them as my friend Mrs. Luáces, to who [52] having some Confederated U. States Army buttons with the American eagle in them in a moment of patriotism sent them to the jeweler to have gold hooks put on them so we could wear them in our cars, as at such a time we did not want to wear anything of value, these earrings served the purpose so I was sorry to have left them behind me, but suppose the «guajira» who was mistress of the ranch had

---

52   Palabra tachada en el manuscrito.

probably found them and thinking they were gold imagined she had found a prize.

Although we were in a constant state of anxiety yet as we rode along in the early morning we enjoyed the quiet and peacefulness which surrounded us contrasting so strongly with the unhappy state of the Island. We wandered along scarcely knowing where we were, when upon coming to a ranch, we rode up to ascertain our whereabouts, and to our surprise and delight we found it was occupied by our friend Pepe Valdez and his family (excepting his sons who were with the insurgent-forces.) They were equally delighted to see us, and gave us a hearty welcome in shape of a fine breakfast to which we did justice. After chatting awhile we bade them Adios little thinking it was the last time we would ever see Valdez, as not long after he was caught by the Spaniards and shot. Walking our horses leisurely along toward noon we arrived at the potrero of Don Cirilio Morel where we took some refreshments and waited until the heat of the day had passed to again set forth, when shortly after leaving there the sky became black and a heavy shower soon drenched us, much to our discomfort, as there was no place of any kind of shelter near, we hurried on with the hope we might find some house where we could dry our clothes and pass a comfortable night. The boys Justico & Arturo, had placed on their hats the insurgent badge of «Cuba Libre» and when it was nearly night as we jagged along Mamita Pepa and I were speaking of the danger of their wearing them, as in case of meeting with the Spanish troops they would be proof against us, when just at that moment–a strange voice called out «Quien vive?» (who goes there), a feeling of terror came over us, as a man rode ~~toward~~ [53] up not doubting he was a Spanish scout we expected the next moment to see ourselves surrounded and taken prisoners, when he asked if we knew where D^r del Risco was, as he had been told he would pass that road that day, as we hesitated in answering, the D^r who with our little Chicha had ridden on ahead, upon turning to look after us, saw the man and coming up to see what he wanted the stranger asked him if he was Dr Justo del Risco, to our horror he answered yes! as we expected to see him seized by the hidden enemy, and perhaps shot before our eyes, as such acts of cowardice were often perpetrated by the Spaniards in the presence of wives, mothers, and daughters. But

---

53   Palabra tachada en el manuscrito.

happily we were not fated to pass this terrible ordeal. The man proved to be a friend of Catalina Estrada who having a very sick child had heard the D^r would pass near hear house and had sent this person to watch for him.

As it was a case of life, or death, he could not refuse to go with the man, so as he turned back we walked slowly on feeling anxious until his return, which was not long delayed. After riding in the dark until quite late we at last came to our old house occupied by a family belonging to the medium class of Cubans. As hospitality is characteristic of the Cubans they received us kindly although at that late hour of the night, and giving each of us, the children included, some dry clothing, after a nice supper we retired for the night thankful to have found such kind friends, and a good bed upon which to stretch our weary limbs. We all rested well and early the next morning our clothes were brought to us having been drying all night by the fire, dressing ourselves we took a light meal and again began our travels, nothing of any consequence happened during the day, but toward Ev'g. when we were within a mile of San Diego we met Octavio Guerra who had come to meet us. The family were delighted to see us, and we were as glad to see them, as also to feel we were amongst friends and would for awhile at least have a settled home. The house was a large brick one, with a very wide portal or piazza where on one side we were given a large room for Mamita Pepa, myself, and children, while the D^r slept in his hammock with the other gentleman in the portal. For about three months we enjoyed peace and quietude, passing our time in mending our clothes, (for we had no way of getting new ones,) and I taught the boys in English, while their grandma taught them Spanish, once in awhile some stray Cuban would stop and tell us the little news he had gathered of the different encounters of the Cubans and Spaniards, also of the terrible atrocities committed by the latter, of the outside world we knew nothing as all communication was entirely cut off from the City, and there was no way of getting either letters or papers. General Quesada with his staff, sometimes stopped there, also Gen. Jordan, Ryan, and Reeves who took such a prominent part in the insurrection.

We became well acquainted with Gen. Jordan and afterwards met him several times. We took advantage of Quesada's visit to ask an order from him to send for our negro Jose del Carmen who we heard was at a Cuban encampment quite distant. The D^r thought the surest of way of getting him was by going after him himself, which he did, and found José was very glad to return to us.

Doña Angela Guerra soon found work for him to do, making shoes for all our family, as well as her own. As we did not have any opportunity of obtaining hide or leather with which to make them, we were obliged to use the skin of the mountain rat which the boys, Justico and Arturo found in the woods, and which they had learned to tan. The shoes were lined with any material we could find and were odd enough in appearance, but we were glad to get them particularly as our stockings were nearly worn out and our shoes were the only covering we had to our feet, when I found I should be left without any stockings, I kept the best pair in case I should ever return to the City I would not have to go bare footed, and for six months I did not wear any. The children wore theirs out entirely, and went to the City with only their shoes on. They became so accustomed to going without stockings afterwards I had trouble to make them wear them.

When we left Pto. Principe fortunately I had quite a stock of new linen dresses, but with constant wear for nearly three years, they, as well as the children's clothes were almost in tatters, but by constant mending and patching one with the other we managed to keep clothes on ourselves. Our needles and thread were gradually used up and we were reduced to one or two needles, if by chance they were mislaid we would feel almost frantic, for although we had heard they could be obtained in some place at fifty cents apiece, we did not know where that place was. Our thread was made from jeniquen, a plant which has leaves over a yard long and when separated; the fibers which are pure white have the appearance of white silk, and when dried in the sun make quite a good substitute for thread, although after awhile it becomes brittle and breaks in washing, however we could find nothing better, and it answered the purpose, although we had constantly to replace it.

In this struggle we lived hoping before long it would come to an end, or at least something would occur to break the monotony, when Catalina, the daughter of D^n Carlos who lived on his plantation La Norma was taken sick, in the meanwhile Mrs. Luáces who from the commencement of the rebellion had been living on their plantation

El Oriente had often sent us word to go there, but being so far away we did not care to go that distance, but now that it was D^{na} Angela's wish that the D^r should go to her daughter, and La Norma was on the road to El Oriente, we decided that we should all accompany the D^r that is, Mamita Pepa, myself and children, make a short stay there, and from there go to El Oriente and make the long wished for visit, so packing our clothing we started off, and on our way stopped at the potrero of our friends the Sánchez where we met Man. Sanguily and several other prominent insurgents, continuing on our way we arrived [at] La Norma after nightfall. I remained at this plantation only a few days when the D^r took me with Chicha (who was then about three years old) to El Oriente, the entrance to his plantation was very beautiful having a long avenue nearly a mile in length of coconuts trees so heavily laden with fruits as to almost bend beneath their weight, at the end of this lower for the branches met overhead, was the house, situated in an eminence and as we approached we saw Emilio and Lila with several other friends waiting to receive us, and as we came in sight they hoisted the American flag which we saluted with a loud Hurrah in which they joined. Our meeting was a joyful one, as nearly two years had passed since we had seen each other and in that time we had suffered greatly, while the Luáces had enjoyed all the comforts of their home which was well stocked with everything, and they were able to do a great deal for the sick, and suffering insurgents, who by accident or other wise came to them for help. We were comparatively happy at being where we felt secure from the Spanish troops as they had never been anywhere near that part of the country, and it was thought it would be some time before they would venture so far out from the City, so leaving us with our friends, the next morning the D^r returned to La Norma to be near and attend his patient;

As it was near Christmas and Mrs. Luáces was very fond of keeping up our American customs as far as was in her power, she sent to the nearest village of Sibanicú, and bought all the toys she could find to put in the children's stockings, although there was not any chimney where to hang them, she hung them on the back of a chair at the foot of their beds so they might see them there first thing upon awaking. The following day Saturday was the 25th of Dec. and the D^r arrived with our two boys Justico and Arturito, when Mrs. Luáces decided to give us a Christmas dinner, in the meantime Gen. Mármol, Capt. Magile and others arrived, so late in the afternoon when we sat down to the table there were twelve of us Mrs. Luáces and myself being the only ladies. The dinner was as American as was possible to have it and we all enjoyed it, and laughed and joked at what the surprise of the Spaniards would be could they see our American and Cuban Flags draped over the Arch in the parlor, it was quite late when we arose from the table, after which we went and sat in the portal or verandah where the moon was shining brightly, the lovely Ev'g seemed to inspire us and all joined in singing favorite songs and Capt. Magile at Mrs. Luáces request sang «Walking down Broadway» at the same time acting it very much to our amusement. It was near 12 o' clock when we retired and feeling restless I did not sleep soundly, and in about two hours was awakened by the slamming of a gate near ~~our~~ [54] our window and the sound of men voices, feeling uneasy I immediately called my husband who in turn called Gen. Mármol who had hung his hammock in the sala, [55] when both dressed and hurried out to ascertain what had happened. As we were always on the qui vive, expecting the Spanish troops, we were not at all surprised when the gentleman returned to tell us, that the strange voices we had heard were those of friendly countrymen who had come to warn us to fly as the enemy were on the road to El Oriente. I was provoked to have my pleasant visit brought so suddenly to an end, but as there was no remedy I set to work to pack the few articles we had brought with us, and we were soon on our way back to La Norma, while poor Mrs. L so soon obliged to leave her lovely home was with the aid of her husband and servants packing all their clothing and most necessary articles and burying in some secluded spot, those which were the most valuable. We were not long in reaching La Norma when we were gladly welcomed by Mamita Pepa who was much surprised at our sudden return, but the next morning we were all doubly surprised as we sat at breakfast in full view of the road, upon looking towards the gate almost a quarter of a mile distant, we saw a long cavalcade coming toward the house. At first we thought it was the Spanish troops, but upon their nearer approach saw it was Mr. & Mrs. Luáces and children with some friends and quite a retinue

---

54   Palabra tachada en el original.
55   Dining room.

of servants. We were rejoiced to see them but felt sorry they should have been compelled to leave like the rest of us, their comfortable home, but they did not remain with us long for in a few days hearing the troops had turned off in a different direction, they concluded to return to El Oriente while we thinking it unsafe to remain any longer at La Norma which was on the main road, passed over to the ranch in the potrero El Plátano belonging to a friend Don Pancho Molina, and a few days after Catalina Guerra presented her husband with a fine boy, we felt quite secure in our new abode until about six days after this event, one night about 12 o'clock, when we were all sleeping soundly, an alarm was given that the foe was again nearing us. It was a terrible thing to be obliged to fly at any time but at that hour we felt it was impossible but notwithstanding aroused the children, and dressed them afterwards dressing Catalina and putting her in a chair four negros carried her, while her sister, Merced carried the baby on horseback, ~~and~~ [56] Mamita Pepa did the same taking Chicha before her, the boys, self, and servants following on behind not knowing where to go or what was to become of us, when suddenly I recollected I had left the D^r's watch under my pillow. I felt desperate thinking the troops would find it not only because of its value, but because it was the only timepiece we had, in giving vent to my feelings our negro Ramon who still accompanied us offered to return to the ranch for it. I almost feared the risk of having him go, but knowing how sorry the D^r would be to lose his watch and feeling confidence in Ramon's swiftness, and cunning, I consented, feeling sure he would not allow himself to be taken by the enemy, and I was not mistaken for shortly afterward he returned with the watch having seen the troops on the road approaching the ranch we had just left.

My mind was quite relieved when he returned and we jogged along wondering when our journey would come to an end as we did not know of any house within walking distance, at last we came to an empty corn crib of which we took possession and after clearing away the husks, we hung up sheets to protect Catalina from the air, making our beds on the ground. The servants had been thoughtful enough to take with them a few utensils for cooking, also meat and bananas, so we managed to exist three days in this miserable manner, in the meantime the D^r who had been absent some days at his post of duty,

---

[56] Palabra tachada en el original.

attending the sick, and wounded, returned to the ranch when accidently meeting with Recio he told him of our flight and our whereabouts when he hurried on and found us in this pitiable condition. We at once determined to leave the place and go to the ranch of our friend Pancho Molina, knowing we would be well received, so we again set forth Catalina being obliged to walk as well as our ourselves. We had not gone very far, when we heard footsteps and someone with a strong accent called out «Quién vive?»[57] We were struck dumb with terror knowing it to be the voice of a Spaniard and supposing it be some of the troops who had tracked us out, we gave ourselves up for loss, when the unknown came forward: a Spaniard but a friend of the Cubans, who had been sent by Molina to guide us to his ranch, as he had heard we were houseless and looking for some place of refuge. We breathed more freely when we found who he was, and followed on after him although not without some misgivings as to whether he might not be playing us false, and be leading us into the toils of the enemy. But our fears were soon alloyed when we came within sight of Molina's house and he came out to receive us. We were so thankful to again be in comfortable quarters we thoroughly enjoyed the few days we stayed with Molinas family, but we decided to return to San Diego and D^n Carlos with Mercedita accompanied us while Catalina with her husband returned to La Norma. Nothing of any consequence occurred on the road and we arrived safely the same Ev'g, although very tired, as we had ridden fifty miles since the break of day.

We had scarcely reached San Diego when news was brought to D^n Carlos and D^{na} Angela that their son Luis, had been surprised by the Spaniards in their potrero (which he had charge of) and brutally murdered by them. Octavio, his brother, was fortunate in escaping carrying the terrible news to his family. The next day D^n Carlos sent his son Carlos to the plantation with orders to destroy all the buildings, which he did by setting fire to them, and burning them to the ground. After this sad news we often heard of the movements of the troops and many nights left the house to sleep in the woods, fearing to be surprised by them if we remained in our beds. About this time I was quite sick with a large carbuncle in my side, and quite ill for several days, when hearing the troops were on the road to San Diego. I was

---

57   Who goes there?

obliged to mount my horse and ride several miles in the midday sun to a place of safety. We were very tired of this unsettled way of living, and as the D^r was obliged to go quite often to see Don Cirilio Morel whom he was attending, we accepted an invitation from them to make them a visit, and went to their ranch some four or five leagues distant, and remained two weeks. While we were absent, feeling very insecure in San Diego, D^n Carlos decided to remove his family to a plantation called San Severino where he thought he would not be molested by the enemy. Upon rejoining the family of D^n Carlos at S. Severino we found all the ranches were occupied, as Catalina with her family had returned to be near her parents so we decided to make one of our own, and paid the workman in advance. In the meantime Capt. A Liby, an American who sympathised with the Cubans, came from the States to aid them. He was a nephew of Gen. Ashby of Confederate fame, and a very gentle manly person, but as he had served with the Cubans for some time his clothes were in a forlorn condition, feeling sorry for him, I offered to mend them for him to which he gladly assented, and I also made him a hair pillow with which he was delighted, as he had not yet become accustomed to sleeping in a hammock without one but he was allowed this comfort only a short time for about two nights after, he with some other friends were surprised by the Spaniards who stole his pillow with other things, while he was obliged to fly; and again joining the insurgents not long after we heard he had been killed in an encounter with the enemy.

Our ranch was but half made when we heard the troops were coming toward San Severino so we hurriedly left and went further on to a reserve ranch which was kept only to store sugar in. Here we remained about twenty days, during which time the D^r was very ill and was only a little better when we heard the troops were advancing. The family of D^n Carlos were [sic] not willing to leave immediately, but as we had small children, and the D^r was in too weak a state to leave hastily, we were determined not to be overtaken by the troops, so left towards Ev'g taking with us Ramón, José del Carmen, and his wife Encarnación. We walked until night fall and finding a pleasant spot under some trees by the side of a river, we arranged out beds on the ground and passed the night in the open air, toward day break we were startled by the sound of the Spanish bugles, knowing they must be near we gathered up our things in haste and taking off our shoes, waded across the river feeling safety in the dense woods on the opposite side, as we knew if the Spaniards should follow us to the waters edge, they would not venture across, as they were well aware that the forests of Cuba extend for miles, and miles, and are so dense that they could be easily lost and never be able to find their way out, so they were careful never to follow any fugitives into the woods.

As we crossed over on the other side we remembered a basket containing my clothing had been left behind. My feelings were anything but pleasant at the prospect of losing the few clothes I possessed, as those I had on were almost in rags, so Ramon seeing my dilemma proposed going for them, we felt the risk was great, but before we had time to decide what was best to do, Ramon started off and we walked slowly in hoping he would soon return and overtake us. But we were doomed to disappointment for hearing the barking of dogs and repost of guns, we quickened our pace and hurried on thinking only of our run safety.

Eusevia Guerra, with her baby and husband Pedro Recio, had joined us that morning and neither of us had any food to give our little ones as Chicha was only three years old and E[58]'s child six months. Encarnacion carried a java on basket which had formerly contained sugar, and some grains were sticking to the sides and once in awhile Eusevia would take some of them putting them into the little fellow mouth to quiet him awhile. Dear little Chicha never murmured or complained of hunger. Not even water could we find to quench our thirst. Sometimes in the leaf of a certain tree (whose name I have forgotten) which forms a kind of cup water is formed, but this being the dry season, only a few could we find that contained more than a few drops of the precious liquid.

We walked on hour, after hour, not knowing where or whither we were going, desperate to find some place of shelter as night was fast approaching and not at all encouraged by the cowardice of Recio, who gave vent his fears, and even threaten suicide if we did not soon find relief. At last the D^r who could scarcely drag himself along as he was extremely weak from his recent illness, proposed climbing a tree to see if he could discern any way out of this wilderness, we were afraid to have him attempt it, but strength seemed given him, for almost before we were aware of it, he had climbed the tree and much to our

---

58 Eusevia

delight called out to us that he could see light where he supposed a road must be, so with the hope of finding it he descended and we all followed in the direction he took and soon saw a fence and heard voices of men, whom we knew must be soldiers, and fearing we might be seen we all sat down as close to the ground as possible not daring to speak even in whispers, and scarcely breathing lest they might discover us. After awhile when we thought they might have got some distance from us, the D^r and went forward to reconnoiter and looking over the fence saw a house but short distance down the road, we did not know of course, by whom it was occupied, insurgents or Spaniards, so we were undecided what to do, as if Spaniards the D^r and Recio were sure of certain death if seen by them, but something must be done for it was night fall and we had walked since day break and were exhausted with fatigue and the little ones could go no longer without something to eat. So after discussing what was best to do, it was decided that Eusevia with her babe, and I with Chicha should go to the house and ask assistance, and if Spaniards, were to say, we had come to surrendered ourselves and go with them to the City. It was a terrible ordeal, not knowing what our fate was to be, and thinking should the occupants of the house be Spaniards, we were certain of being taken to the City, and perhaps might never again see the loved ones from whom we were parting. However, that something must be done was inevitable, so nerving ourselves to the utmost we started and upon reaching the fence were about to climb over into the road when upon looking around we discovered a gun leaning against the fence, and upon raising our eyes we saw opposite in the distance a man coming towards us waving his hat to attract our attention; from his appearance we knew him to be a Cuban so waited until he came up to us, when he asked who we were, and upon saying I was the wife of D del Risco, he expressed the greatest pleasure in seeing me, and said he owed a deep of gratitude to the D^r and he hoped now to have an opportunity paying it. By this time the family hearing voices, and recognising the strangers voice as that of a Cuban, they immediately came forward and D^r recognized the man as Dr Ramón Esquivel, a person whose family he had treated, and unlike many people grateful for the kindness and attention shown them during their illness.

As may be imagined we were rejoiced to find that instead of enemies we had found a friend who was anxious to do everything in his power for us. The gun we had seen belonged to Esquivel, who had been looking for one of the ladies who had joined his family when flying from the troops and had become separated from them, he thoughtlessly left his gun where we had found it. It was a wonder the soldiers who had passed only a few moments before had not seen it. Esquivel had heard them approaching and went back into the woods to wait until they passed by. When he came out to get it and accidentally saw us, and took us to a place of safety. As we had not had a drop of water, or anything to eat since the day before, we were almost dying of thirst, so our good friend telling us to follow him went ahead to get water for us to drink, and returning brought a pail full and a jícara (gourd) to drink from. Feeling somewhat refreshed we started again, walking and walking until we thought we would never reach our destination. It was long after dark and poor little Chicha was too tired and sleepy to walk any more. So first I and then her grandma, were obliged to carry her. We were almost dead with hunger and fatigue having walked since daybreak without a particle of nourishment, we felt we could not hold out much longer when about ten o'clock we arrived at a place where several other families where hiding. As the D[r] had been so very sick but a few days previous, our first thought was for him, and immediately began to make a tent of a hammock to shield him from the night air, when upon lying down he fainted, from exhaustion. Our friend Esquivel soon gave him a little brandy which revived him, and upon taking some broth which was kindly brought him, he soon fell into a deep sleep.

 The next day fearing the Spaniards might have ascertained our whereabout and in to follow us, Esquivel proposed our going still farther into the woods, so taking the lead, we with the rest of the families followed in, taking care not to break a bough or leave any trace of our footsteps. Having walked a mile or two through thick woods, we came to a place where there was a cluster of palm trees, and where we concluded to remain until we should hear the troops had left that part of the country and it should be safe to venture out of the woods. After leaving us in this place which he considered secure, Esquivel started out to ascertain something about the enemy, and also to procure something for us to eat, after being absent several hours he returned bringing with him meat, chickens and vegetables, which he had obtain from several ranchos in that vicinity but he could hear nothing of the enemy which greatly relieved us of our anxiety, as we thought if near he would have heard something of them, so after such a long fast we quite enjoyed the nice meal which was prepared for us, and did it full justice.

We remained in this place two days, the night before leaving these woods we had quite a fright. We were all sitting around conversing, and looking forward to the following day when we would go forth again to seek a new home, when suddenly a light appeared through the trees, and we saw several men with torches evidently looking for something or somebody. The first thought that came to our mind was that they were Spaniards and looking for us. Pedro Recio who had shown such a cowardice since just he joined us instantly jumped to his feet, saying «there are the Spaniards,» and starting to stand was caught by the arm by Esquivel who said, it is only some of our own men, who had lost their hammocks and are looking for them. We were quite relieved but could not help laughing not only at Recio, but at our own fright.

In the morning when Esquivel went out to again reconoitre and see if it would be safe to leave the woods, he met Ramón, our faithful negro, who was looking for us. He said he had saved all our horses from the troops, as well as the baskets of clothes, which he went after the day we were separated in the woods. This was joyful news for we supposed all our horses had been taken and I imagined I owned no other clothes than those on my back, so it was cheering to know that I would soon be able to make a change after being as many days with the same clothes on. We slept quite soundly that night and early in the morning Ramón came with our horses to take us to El Severino where the Guerras were again located after flying from the troops like ourselves.

The day was cloudy and disagreeable and we wondered along slowly, stopping at a ranch where the family were dining they waged us to join them, which we gladly did, after which we again jogged in our way, Ramón taking the lead, and I following after. It soon began to drizzle and rain, and when the night came on it was so dark we could scarcely see our hands before our faces, fortunately we had some candles with us which we lighted so as to see the road. It was not long before we came to a river, along the banks of which we walked our horses quite a distance. At last we were obliged to cross it and with fear and trembling I followed Ramón who took the bridle of my horse to lead him, my heart was in my mouth as upon reaching the other side we were about to ascend a hill covered with slippery mud Ramón still having hold of my horse when the bridle broke and as the animal felt he was sliding back he gave a tremendous bound and jumped to the top of the hill, before I had time to know what had happened. I was quite surprised at my having kept my seat so well, and congratulated myself that I with my horse had not slidden back again down the hill into the river when I found I was safe, I instantly thought of the other who were behind me, as I had heard cries and a splash as if someone had fallen into the river. I was fearful it was one of the children although I heard someone say María Sarduí a mulatto woman had come very near falling from her horse into the river. After a few minutes of suspense the rest of our party made their appearance all safe and sound although it was true that María Sarduí had come near getting a ducking. We again commenced our march and in about an hour found ourselves again in «San Severino» with our friends the Guerras.

We only remained with them a few days as the D^r found it was necessary to go often and see Don Cirilio Morel who was still his patient and as the Spanish troops were constantly scouring the country it was not safe for my husband to be going to and for from San Severino to the plantation of the Morels which family being aware of the danger urged the D^r to take his family to stay with them as during the insurrection, those persons who were forced to leave their homes were cordially welcome by their friends into their households and made a part of their family. As from the first day of the insurrection we were obliged to leave our plantation and become wanderers, we were among those who were compelled to seek the hospitality of our friends, but we were not entirely dependent as the Dr. was often able to return their kindness not only by his profession but he often had rice, sugar, given him which he presented to those persons with whom we were staying, so we in some measure were able to return the favors we receive. This was at the commencement of the rebellion, afterwards, sugar, coffee and rice could not be found at any price and as nearly every family was driven from their homes by the troops, no one had more than the other and a number of families would join together living in the same ranch (which were very large) and obtain their food (which consisted of green bananas) from the Prefect, a person appointed by the Cuban government as justice of peace who also supplied those who applied to him for food.

The Cubans were determined the Spaniards should not enjoy the comfort of sheltering themselves in the fine houses their owners were obliged to desert, so wherever one was vacated the Cubans would burn it to the ground, so in riding through the country one would often meet with the ruins of many a fine house whose owners or their sons were off fighting for the freedom of the country. I have diverged however from my story and will return to where we left «San Severino» and the Guerra's to join our fate with that of the Morel's.

Nothing of any particular interest occur during our journey of nearly a whole day, but often in passing a potrero or stock farm, we would ~~often~~ [59] see the carcasses of the calves, or sheep with their legs or heads severed from their bodies by the cruel Spaniards who took this means of depriving the Cubans of their cattle, and means of support. After a very tedious day we arrived at Sta. Marie, the potrero of Dⁿ Cirilio Morel. The dwelling house which had been destroyed by the Spaniards was a fine large stone one, but afterwards Dⁿ C[60] had one of guano made for his family but finding it was too near the road for safety, he had another built in the depth of the woods, as this has been made since we had visited them we were obliged to make enquiries as to where it was located, so stopped at a ranch in the same potrero occupied by the oldest son of Dⁿ Cirilio. As it was near their dinner hour we decided to accept his invitation to dinne with himself and family. It was toward Ev'g and what with chatting over the events of the day it was nearly 9 pm before we left. As neither the Don or any of our servants knew the road[,] young Cirilio furnished us with a guide, it had been raining and the woods were very wet, and dark, so we were obliged to carry lighted torches to see our way and the path was so narrow my clothes often got entangled in the bushes, and trees, and at one time not being able to see anything before me I took a wrong path where I found myself completely barricaded by the vines which ~~completely~~ [61] obstructed the way. I called loudly for

---

59   Palabra tachada en el manuscrito.
60   Cirilio.
61   Palabra tachada en el manuscrito.

assistant and the Dr. who always carried our little Chicha before him, turned back and with his machete cut away the obstacles, and I was able to join the rest of the party. As we followed our guide the distance seemed to increase and we began to fear we had lost his way for it was only a mile we had to go, and we certainly had gone double that distance, we whispered our fears to each other, when suddenly we came to a stand still, and confessed he had lost his way and did not know where we were. Our feeling can be better imagined than described, to find ourselves near midnight in dense forest almost dead with fatigue, having been in the saddle the whole day, besides we did not know how near the enemy might be, or whether we were going toward or away from them. It had been raining heavily, and our clothing was soaked through and through, and we could not remain in the woods all night for even had been a place to lie down, we could not in account of the ground being so very wet, so we had only to trust to Providence and to go forward, the D^r leading the way, not daring to speak aloud as we came out into the road, fearing the troops might hear us, after wandering along in fear and disgusted, we at last saw a small light, and following it arrived at the long sought for haven. It was long after midnight, and the family of Morels had all returned when awakened at the approach of our horses were astonished at our making our appearances at that late hour of the night, they however kindly welcomed us, and gave us good comfortable beds into which we soon threw ourselves and were fast asleep.

This ranch was very large with a very high roof, and the room we occupied was large enough to accommodate seven cots, five being occupied by the daughters of D^n Cirilio, and a cousin, while the other two were occupied by my mother in law and our darling Arturo, and myself and little Chicha. During the day the cots were closed and put aside, making room to sit around, mending, braiding guano to make ourselves hats, and chatting to wile away the time, my only hope being that the day was not far distant when we would be restored to comfort and happiness. The D^r and Justico slept with their hammocks outside in a sort of open hall, where the sons of D^n Cirilio slept. We found it a great relief to be where we imagined the Spaniards would never find us, and quite enjoyed the quiet and rest we had found, after the exciting times we had experienced. I now had again an opportunity of teaching my boys, and every day after breakfast took them to a neat pretty ranch belonging to one of the servants ~~who very kindly~~ [62] who very kindly gave me the use of it, as she was never in it, during the day, and only slept there at night. It was a great treat to be alone where I could give the children their lessons for sometime had passed since I had been able to teach them, and I regretted the time loss, for I was very anxious they should get ahead in their studies, so every morning we went to the ranch and spent two hours, after which the boys went to play, and I to mending, to keep clothes on our backs. As no one knew where we were, we never had any visitors as we had in «San Diego,» so we knew nothing of what was going on in the Island, we lived within ourselves and very comfortably, as the Morels had had the opportunity of storing away in another ranch, (hidden in the woods) not only sugar, but rice etc etc and also pieces of linen goods for clothing and other necessaries.

The sons of D^n Cirilio, Emilio and José would also go out on the farm and bring fruits and vegetables, with plenty of milk, and every week a cow was killed so we had abundance to eat. We lived in this way some months once in awhile frightened into the woods, upon hearing the troops were coming. As one time being fearful of their coming suddenly upon us, and taking the D^r's box of surgical instruments, he buried it under ground in the room where we slept. After a short time of peace and tranquility, the D^r was obliged to go and attend the sick and wounded, when the box was disinterred, among the wounded was one of Cuba's bravest sons. General Sanguily although lame from his birth, he was always the foremost in the fight and constantly giving proofs of his courage and bravery. But now he had been wounded in the foot, and several surgeons who saw it thought it should be amputated, but my husband determined if possible to save it, and taking up his abode in the same ranch as his patient, he set to work to cure the injured foot and was repaid after considerable trouble by seeing it entirely well.

Our whereabouts soon became known and people began to come to the ranch for the D^r. bringing news of the outside world. What was our surprise to hear that but a few days before, the Spaniard had gone to the plantation next to us and robbed the family of a large quantity of silver plate, and committed many atrocities ransacking the ranch and stealing everything they could find, the ranch was occupied by a

---

62   Frase repetida y tachada en el manuscrito.

widow lady and her two sons, one a poor consumptive fellow who had not long to live. After taking all they could get, they seized hold of the eldest son and taking him out shot him., and then returned for the sick one, the mother thinking they were to be taken as prisoners to the City, begged to be allowed to get some broth for her sick son, as she turned to go after it, the brutes fired at the dying man killing him instantly the ball passing through his head taking some of the bone with it and entering his mother's thigh. We were horrified when we heard these things which had taken place so near us, and we [were] in utter ignorance of what was going on, and we began to think we were not so safe from harm as we imagined. One day a man came in great haste for the D^r to go and see his wife who was sick fortunately the D^r was not able having been sick himself for several days. But feeling better the next day, he went and found the troops had been at the man's house and he had gone after the D^r not for her sick wife, but to betray him into the hands of the Spaniards. With this piece of news we felt we were not longer secure in Sta. María, and decided to make a change. Our friends, the Luáces after being obliged to leave their plantation, had like ourselves been wandering around and the D^r, had met Mrs. L[63] several times when visiting Sanguily as she was living with some friends in the same ranch, thinking it would be pleasant for us all to be together she proposed our going to where she was, and taking a ranch together, this we readily agreed to, as D^n Cirilio had recovered and did not need the D^r services any longer, and as we felt we had accepted their hospitality long enough we began making preparations for our departure when we heard the troops were at a plantation nearby and which we were obliged to pass, not wishing to run any risks we waited several days, and then sent our negro Ramón to reconoitre, finding they had gone we set forth on our journey with the pleasant anticipation of seeing our friends whom we had not met in so long a time, little dreaming our hopes were never to be realized and when again met it would be in the City after surrendering ourselves.

We rode on unmolested and at night selected some pleasant spot where to make our beds, we had many miles to go, as we were obliged to make a longer journey to avoid meeting the Spaniards, so as soon as it was dark we laid down on our hard board beds with only the

---

63   Luáces.

canopy of heaven above us, we slept very soundly however and awaked the next morning as refreshed as if we had slept quietly in comfortable beds. We arose at the break of day and after partaking of some food the Morels had provided for us, we started for «San Severino» where the Guerras were still located. They were very glad to see us, and gave me some articles with which to commence housekeeping, we staid [sic] until the next day when the D^r amputated the arm of a man who had been shot in an encounter with the Spaniards, after which he was lost in the woods for days, and when found his arm was gangrened almost to the shoulder. The D^r wanted him to take chloroform but he refused and bore the operation without a murmur. Justico who was only eleven years old was present and assisted in handling instruments and bandages when needed.

Being well rested we again sallied forth and arrived at the potrero of our old friend Don Antonio Torres, who during the whole time we had been out in the country, had whenever it was in his power, done everything he could for us, looking for and watching over the D^r as if he had been his own son. It was nightfall when we came to the potrero, and as we rode up to the house found it was vacant, and presuming the family had gone farther into the potrero to get away from the Spaniards, we walked slowly on and were soon met by Dr Antonio, who expecting us had gone out to meet us, and show us the way to their ranch. We were very tired, and were glad enough to retire to our beds after taking our supper.

The next day we saw a smoke in the direction of D^n Antonio's house and we immediately conjectured that the Spaniards were burning it, which proved to be the case; fearing they might enter further in the potrero, and find us in the ranch we concluded to go into the woods, and wait until the troops had left that part of the country, which we did, remaining two days while D^na Ursula, the wife of D^n Antonio prepared ~~prepared~~ [64] our meals for us. D^n Antonio took them to us. The third day we returned to the ranch to make preparations for our departure when D^n A and D^na Ursula supplied us with bananas, meat, and other articles of food to take with us to commence housekeeping.

It was nearly midday when we started and as we jogged along Arturito who was very fond of singing, sang all the revolutionary songs

---

[64] Palabra tachada en el original.

he could think of, as the boys had learned a good many during the two years of the insurrection. As we went singing along we thought if the troops were near, they could easily hear him, and they would take us prisoners so we kept cautioning him, but child like after being quiet awhile he would forgetful burst forth again into his little songs.

We did not meet any one until late in the day, when we saw a some person in the distance a woman being, one of them. At last we arrived at the potrero «La Troya» where we were to join our friend Mrs. Luáces and as we trudged along hoping soon to be at our journey's end I saw many footprints of horses, as well as men, women and children, and called the attention of the rest of our party to it, remarking, that it looked as if the troops had been there and the inhabitants had been flying from them. However we continued on our way, and were about to enter a narrow path which led into the deep woods, when Ramón our faithful servant called to the D^r to stop, and pointed to a dead man who was lying on one side of the road, with a paper pinned on his breast, with these words written upon it. To the Mambis. «Let this be an example to you, if you do not surrender, you will be annihilated.»

All seeing this we were terror stricken, not knowing where the enemy might be, or how soon, we would fall into their hands. It was almost dark and too late to turn back, beside we had come such a long distance, and we wanted to know about our friend Mrs. L, [65] so we stood breathlessly silent as Ramon passed on into the narrow path to go forward and ascertain the whereabouts of Mrs. L, [66] and if there was any place in which to find refuge if only for the night. We did not dare to move or sincerely to breath, lest we should be discovered by the cruel wretches who had murdered the unfortunate man we had just met with. After waiting in terrible suspense until near night, we began to fear that Ramon had been caught, and had almost lost all hopes of seeing him again, when suddenly he made his appearance holding in his hand high in the air, an English book all in tatters. «This is all I have found he said, everything is in ruins the ranches are burnt and everyone has fled.»

It would be impossible to describe our feelings. What should we do? Where could we go? Houseless and homeless, and night upon

---

65 Luáces.
66 Luáces.

us, we had no alternative but retrace our steps, and return to our friend D^n Antonio and ask him for shelter, until something could be done, so with saddened hearts, we turned away from the scene of horror, and gloomily wandered on. Our horses were so tired, every once in awhile mine, would deliberately lie down and it was only by constant urging that I could get him to go on and take me to the end of my journey. The children too were almost dead with fatigue and hunger when at 10 o'clock at night, we knocked at the door of D^n Antonio's ranch. It was immediately opened by D^na Ursula who was overjoyed to see us, as during absence and soon after we had left in the morning, Don Antonio had been taken suddenly ill with a relapse of an illness he had had not long before, and not knowing what to do for himself, had regretted exceedingly our having left them, and were only too glad at our return. This was a great relief to us to be cordially welcomed, and the D^r soon did all he could to relieve our good friend, and was repaid by his recovery a few days after, when he took us to a ranch belonging to his son in law about a mile distant, where Don Antonio thought the Spaniards would never find us, as it was in the depth of the woods where there was no clearing excepting immediately around the ranch. We had scarcely been there two days before our little Chicha was taken with a high fever and soon after Arturo was also taken sick, thinking the place was malarious and hoping to save Justico from the infection D^n Antonio proposed taking him back to his ranch until the children were better, but he had not sooner gone that my husband was taken sick, and on the second day was so ill we thought he could not live. It was a desperate position to be placed in, just at the moment when there seemed to be no hopes for him D^n Antonio arrived and remembering some medicine which my husband had given him when similarly affected, he immediately returned to his ranch for it and upon bringing it gave it to the Dr. whom shortly after taking it he began to improve and the next day he was much better, when the D^r's mother was taken sick with a fever, and the following D^n Antonio brought Justico back to us, also sick with a fever so that of all the family I was the only well one and fortunately able to nurse and wait on the rest, this trial was a terrible one, with no comforts and so many privations. The D^r who so very ill had the only cot there was. Mamita Pepa had a hammock and I with the three children slept on rather rustic bedstead made of loose boards placed on sticks stuck in the ground and looked more like a table than anything else, on this we laid our serons or panniers covering them with sheets which we had been fortunate enough to save. For one month I scarcely closed my eyes, but every night was up and around attending to the wants of each one. Our good friend Dⁿ A[67] ~~would~~ [68] would come and see us every day, bringing us bids, eggs or fruits, which them were considered a great treat, as they were so difficult to obtain. We lived in this way nearly six weeks, our food being meat, fried pumpkin, sugar and water in place of coffee and tea. Sugar was very difficult to obtain, so when we did find it we consider it a great luxury. We were very tired of living, in this way, shut out completely from the rest of the world, when one day we heard shots in the distance and we immediately knew the Spaniards would not be far off, but as it was near night we knew very well they would not trouble us as that hour, but we thought best to prepare for the worst, and packed our clothing etc, and sent them into the woods for safe keeping after which we returned to our beds not knowing what the morrow might bring forth. Early the next morning our negro Ramon went with Dⁿ Juan to look for a calf to kill, while José del Carmen went to the brook for water. They had only been gone a little while when J del C[69] came running back saying the troops were coming in the direction of our ranch, upon hearing this the sick ones started for the woods. I remained behind to await the cooking of the breakfast so as to take it to them. When Don Juan came back, in great haste, accompanied by a strange man and calling the D^r, said «D^r, Justo, Dr Justo fly, fly, the troops are coming.» Upon hearing this, I rushed toward him saying the D^r had gone to the woods where he with José del[70] had taken our sacks of clothing the night before, and at the same time begged him to take me to the family, as I did not know where to find them as I had expected Ramón would take me to them upon his return, when the breakfast was ready. Now that the troops might arrive at any moment I was almost frantic, knowing if they found me, I would be taken prisoner and torn from my family perhaps forever.

As I followed Don Juan I noticed he took an entirely different path from the one he had taken the night before, and as the stranger keeps

---

67 Antonio.
68 Palabra tachada en el original.
69 José del Carmen.
70 José del Carmen.

near him, I suspected the man was <u>mobilizado</u>, and had been sent by the Spaniards to hunt up the Dr. and his family, and that Don J[71] was misleading him by taking him through the wrong path.

    I walked a little behind not being able to keep up with them, and as this thought flashed across my mind, I looked back and saw José del Carmen coming out of the woods in an opposite direction, when I immediately ran towards him, saying «the troops are coming take me quickly to the family» and turning we both ran into the woods, with all possible haste, and upon reaching them urged them going further in, as I feared the cowardly wretches would find out our hiding place and perhaps kill every one of us. As all were too sick to make much of an effort we only went a little further on where we found the trunk of a very large tree which had fallen to the ground. It was not high enough to hide us when sitting up, so we all laid on the ground behind it, secured breathing from fear of being discovered, when suddenly we heard the voices of Catalans saying «you go that way, and I will go this way.» Our feeling can scarcely be imagined as we expected every moment they would find our hiding place, but fortunately their voices died in the distance, but[72] we were relieved, until we heard the breaking of the kettles which had been left in the fire, the cackling of the poor hens they trying to kill, and the cracking of burning timber, of our ranch which left us houseless and homeless. We laid breathlessly still for a long time until all was silent, and we thought they must have left the woods, and then arose from our hiding place as it was now quite late we all were hungry, as I had left the ranch so hastily that morning I had only time to snatch up the plate upon which I had been eating, and adding some boiled corn to my half eaten breakfast, I hurried with it to the woods, knowing it would be impossible to send the family the meal which had been cooked for them. Excepting myself none had eaten anything since the night before, so they were glad enough to get the little I had taken to them, the rest of the day we spend in the most terrible state of anxiety not knowing what would become of us as all excepting myself were suffering from chills and fever, and the D^r who had been so very ill, was in a very low state, and utterly unable to make any

---

71   Juan.
72   Al parecer Josephine escribió primero «and», y más tarde, con otra tinta, escribió «but».

effort, while our servant Ramon was also suffering from malaria but notwithstanding, he had quite a fever he saw our situation was a terrible one, and volunteered going out to reconoitre , and if possible find us something to eat, he had not been gone very long before he returned with a piece of salt meat which fortunately the Spaniard had not taken with them. A few day[s] before a cow had been killed and salted and this piece which Ramón had found was all that was left of it. Even this we were glad to get, and after broiling a portion of it over the fire, we soon made our meal from it. For three day we lived in this way, hoping that our good friend Dⁿ Antonio would come to our rescue, at the end of the second day as he did not make his appearance our fears were aroused thinking he had been captured by the Spaniards and either killed or taken to the city by them. The situation was a desperate one as all our hopes were centred in him and if our fears were realized, we did not know how to get out of the woods, or where to go. We had almost given up in despair when the following morning as we had eaten our last morsel of meat, we sat wondering when the next would come from, when suddenly we heard the sound of horses hoops, and the next moment our best of friends Don Antonio stood before us. Had an angel appeared to us, he could not have been more welcome and we were rejoiced not only because of his coming in our hour of need, but also because he had escaped the clutches of the Spaniards. As soon after their departure from that part of the country as possible, he commenced his search for us and was untiring in his efforts, until he found us. He had brought several horses for us, so after we had gathered our few things to go, we started off to an empty ranch which was on the summit of a high hill, it was very much exposed not having a tree near it and very conspicuous from the road and where we were soon to be found by the Spaniards should they pass through the road at the foot of the hill, but we had no alternative for if we remained in the woods we know it would be certain death to the sick ones, so we could do nothing else but take possession of the ranch and run the risk of being made prisoners by the enemy. It was a dangerous move but we could do nothing else, so determined should the troops come upon us to surrender at once and go with them to the City. At last we were located in this forlorn and desolated spot, far from any human being on an eminence overlooking a part expanse of country. We did not have an article of furniture excepting two or three old chairs. Our beds were made on the floor (or rather ground) of straw panniers and large bags in which we carried our clothes etc. fortunately we had been able to save our pillows and sheets with which we covered ourselves. The only cooking utensils left us, was also old cracked iron kettle, we had no use for even that, for we had nothing to eat, until Justico with José del Carmen after much trouble succeeded in killing a pig which lasted two or three days. This was not the right kind food for sick people but from necessity were obliged to eat it.

One day Encarnación (our servant) came running in to the ranch in great fright saying some men were coming up the road whom she thought were Spaniards. Mamita Pepa (my mother in law) and I hurried to secure our valuables, as all through the insurrection we had worn them concealed on our persons but being heavy and troublesome to wear we often times laid them aside, which we had done that morning, but knowing they would be taken from us, should our visitors prove to be Spaniards we hastened to again put them on, when we heard strange voices and recognised them as Cubans, among them Dr Emilio Luáces and other friends, who formed a part of the Cuban government. They were astonished to find us in such a forlorn and miserable condition, for although I was the only one blessed in retaining my health, I had lost so much flesh, I was but the ghost of my former self. They expressed the greatest sympathy for us, and urged our leaving the seat of insurrection and if possible the Island, as the D^r was too ill to be of any service to his country man they felt his life was too valuable to be sacrificed to a false idea of patriotism. It was a long time since we had seen anybody excepting D^n Antonio and his family, and it was a great treat to see someone who could tell us of our friends and of what was going on in the Island, so we greatly enjoyed their visit. Scarcely had they left us when Dr Luáces sent back a man with an immense yam, some bannanas [sic], sugar, and cheese, luxuries to which we had been strangers a long time we were only too glad to get them, and we enjoyed them as we had never done before.

For some three weeks or more we lived in this deserted place, not knowing what step to take next when Ramón (who had been to D^n A[73] ranch to enquire about him as he had been sick) returned saying

---

73   Antonio.

the old gent thought it would be advisable for us to join some of our friends as being sick he thought at any time he might be made prisoner by the Spaniards and was afraid we would be left destitute, so advised our going to our friends the Guerras' where he knew we would be well cared for. We were glad to make any change but it was a great undertaking with the children and D^r so very sick, but our condition could not be worse beside ~~being~~ [74] being in constant fear of the troops coming upon us, killing the D^r and Justico, (as even boys were shot if found among the insurgents) so we gladly took D^n Antonio's advice, and decided to go in search of our friends and a new home. As our horses had been taken from us, we had no way of making the journey, excepting we sent to some friends for them, so Ramón joyfully offered to go and dressing himself jumped on his horse saying jokingly that he was going to the City when suddenly we saw a large number of horsemen in the distance, and upon looking more intently saw they were Spaniards, and every moment we thought our ranch would attract their attention, and we would be discovered. Fearing that Ramón would be overtaken by them we begged him not to go until later, but he could not be persuaded, and soon started off little dreaming he would never return to us. Scarcely fifteen minutes elapsed before we heard several reports of gun, and at once all exclaimed «they have killed Ramón» and so it proved as he never returned and we afterwards heard that upon seeing the troops coming toward him he fired upon them with a revolver he always carried with him, and which the D^r warned him not to carry as it would be against him, if he ever caught by the Spaniards, but he did not take warning and firing fought bravely until he fell. As we waited impatiently for his return and he did not come, we were confirmed in the idea that he had been killed and with his loss, all hope was gone of bettering our condition, and we could do nothing but wait for whatever was in store for us. When one afternoon a man strolled up to the ranch and enquired who lived there, I told him Dr Justo del Risco with his family. When he expressed the greatest surprise, and as had to see him, whereupon the D^r dragged himself out to see the stranger and upon telling him how little food we had had, and the length of time we had not eaten a mouthful of beef, he offered with the help of José del Carmen to kill a cow, which offer we gladly

---

74 Palabra repetida y tachada en el original.

accepted, he soon after left us, saying he was looking for vacant ranch where he could take his family. The next day we were surprised to see two Cuban horsemen coming toward the ranch, and were delighted when we found one was Man.[75] R. Guerra, the son of our old friend D^n Carlos and the other was José Antonio Cosio, also a friend of the family. The stranger of the previous day in his wandering, had stopped at the ranch of these friends, and related to them our unhappy condition, when they immediately saddled their horses and started out in search of us intending to take us back with them, supposing we had horses of our own, but when they found we had none as all had been taken from us, they returned to their homes and the next day appeared with everything necessary for the journey. As the Dr. was in too weak a state to manage his horse, one of our friends sat behind him and guided the animal. We travelled slowly on his account when toward Ev'g he began to feel very sick we were obliged to dismount until he felt better when we again continued our journey and after riding a few miles arrived at a home where we stopped and were treated to a nice supper and comfortable beds being very tired we rested well and the next morning were ready to start again on our journey when after riding a few hours we reached our destination. The ranch of Ma[76] R. Guerra, where we found his wife waiting to receive us. This family was among the fortunate ones, who had not been molested by the Spanish soldiery and were still in the enjoyment of many comfort which to us (who had suffered so much) seemed luxurious but were in reality only the common comforts of life. They gave us an excellent dinner after which Ma[77] Ramón took us to a vacant ranch not far from his own at the same time supplying us with food with which to commence housekeeping. We were so thankful to be with friends and in a secure place we were comparatively happy as our sick ones began to improve, excepting the D^r who still continued very miserable with fever daily, swollen feet, and faintness when he attempted to walk, but now we were able to give him nourishing food as Guerra supplied us with meat and honey which we drank in water, as we had neither coffee, tea or sugar, and we bought chickens eggs and vegetables, from an old negro who hidden in the

---

75   Manuel.
76   Manuel.
77   Manuel.

woods had a little garden and raised these things to sell to Cubans who were able to purchase them. As Encarnación (our servant) was a fine cook she made us some nice dishes which we greatly enjoyed after nearly three years of hunger and privation but this did not last long for in about ten or twelve days, one morning Guerra came to see us seeming very much troubled, and after awhile announced to us that his sister Eusevia had, accompanied by another lady come from the City for the purpose of persuading her family to return with her.

Sometime previous she had been taken prisoner and carried to Principe, and as she was desirous of having her husband with her, she went to the Governer to ask his permission to bring him to the City. At the same time saying she would use her influence to induce her friends to return if they could do so without being molested, our family was mentioned particularly and the Governer was only too glad to give his consent knowing if one or more influential families left the seat of insurrection others would be likely to follow, as they were becoming tired of so so much suffering and privations and were only waiting for someone to take the lead, to follow their example. This we knew and regretted that circumstances forced us to take a step which might prove detrimental to the Cuban cause. At the same time our feelings revolted at the thought of again submitting to Spanish rule after all the sacrifices we had made, but when Guerra told us that the latest report from the Cuban Junta in N. York were that there were no fund or means of raising money to aid the insurgents, also that the Governer was about to send 25 000 troops out into the country for the purpose of killing and making prisoner every Cuban they found we saw we had no way of escape, and we would be obliged to join our friends in their return to the City, for the Dr.'s illness had rendered him perfectly helpless owning to the weak state in which it had left him so we were utterly dependent upon the kindness of our friends and could do nothing but put aside all feeling of patriotism and follow them with the idea of leaving the Island as soon as possible. The Guerras' decided to leave the next day, and after passing a sleepless night with the thought of our humiliation at again returning to Spanish dominion, we began our preparations for the journey and that afternoon joined the family of Man[78] R Guerra at his ranch, they were ten in number and our family consisted of eight

---

[78] Manuel.

including the servants, so we presented quite a formidable appearance as we sallied forth. It was nearly night fall when we started as we thought it safer than to travel by day, as we would not be in danger of meeting the Spanish troops so taking some provisions with us, in case we should be hungry ~~during the night,~~ [79] we set forth with saddened hearts not knowing what might be in store for us. The night was beautifully moonlight and now and then we would stop and rest, and take some refreshment, when toward morning we came in sight of Pto. Pr[80] and immediately came to a halt to make preparations to enter the City by changing our garments putting on the best we possessed, that is those that were the best mended. For this purpose the men of our party retired to one side of the road while we women with our children went to the most secluded spot we could find, to make our toilets, when as we had just finished and were about to mount our horses, several horsemen rode towards us saying «Quién vive?» «Who goes there»? when we answered and asked what we were to do about entering the City, as several forts had been newly built, through one of which we would be obliged to pass.

After giving us the necessary instructions they concluded to accompany us, when after considerable delay at the so called fort we made our entrance into Principe. As there was such a large number in our party we formed quite a procession of carriages which aroused the curiosity of every man woman and child who flocked to the doors to see «the presentados» as those who came in from the seat of insurrection where called.

We were obliged to go to the Governer's Mansion to acquaint him of our arrival. We women with the children remained in our carriages, while the Dr. sick as he was went supported by friends to present himself to the Governer who upon seeing how ill he was, turned to the men and told them to take the D^r to his house. While we were waiting for him, some friends who had recognised us, came up to welcome us, and several of the old servants who had belonged to the family came to see us and brought cakes and candies to the children. One negro brought me the keys of the house which we had left nearly three years before. But as our friend Eusevia Guerra or rather Mrs. Recio insisted upon our going to her house, we decided

---

79 Palabras tachadas en el original.
80 Puerto Príncipe.

to do so, and we thought it useless to open the house when we expected to leave Pto. Príncipe so soon. Everything seemed very strange after living in the wilderness for such a length of time for although there were many fine houses on the different plantations scarcely one was left so that passing through the country nothing was to be seen but devastation and destruction. Everything in the City as I have said before seemed so different from when we had left it the streets being filled with Spanish recruits, who looked more like bandits than soldiers and on nearly every block was the sign of a Spanish Fonda, or restaurant, so ladies were seen in the street and but very few gentleman. This state of things was intolerable and we made all haste in our preparations to leave. That is to obtain decent clothing in which to present ourselves in the West where we had decided to go, as it was the month of February and too cold for any of us to go directly North.

A few days after our arrival in Principe I thought I would go to our house (which we had so hastily left at the beginning of the insurrection) and see what was left having heard it had been ransacked by the Spaniards. We found most of the furniture had been taken and the closets and wardrobes empty with the exception of one which contained medical works and surgical instruments. I immediately commenced filling a basket which had taken with me, and gave Eusevia some fancy ornaments, but finding the basket too heavy for the driver to take to the carriage, we laid a dozen or more books on the table, intending to return and put them in the basket, when the negro who was in charge of the house, declared that the soldiers who were domiciled in the house opposite were watching us, and he was afraid [81] and he was afraid they would notify the police and he would be arrested for letting me take away any our property. He was very much excited and worried so we left hastily and in doing so forgot the books we had put on the table. I was dreadfully annoyed but more so when a police officer came in the afternoon to see us and inform himself what we had taken. I was indignant at being taken to account for what I had done by any one, but particularly by a law policeman, so I told him what I had taken was my own and being an American was accountable to no one and that I should immediately go to the Governor and enter a complaint against him, whereupon he soon left and I with

---

81   Frase tachada en el original.

my mother in law domed our mantillas and went to the Governer's house after waiting awhile his Excellency entered the room in rather pompous manner, but nothing daunted I related to him what had passed when he asked me if the furniture was confiscated, I told him it was not, for although the plantation had been confiscated the furniture was not as I had been told so by his Secretary. The Governer was very unsatisfactory and disagreeable in his manners and I feeling annoyed must have shown it in my conversation for suddenly he said «Madam you have spoken in a very fault finding way, and allow me to say to you that if it were not for the kindness and leniency of the Spanish government your husband would at this moment be in prison.» I must confess I was taken aback for I did not for a moment think I was saying anything to draw forth such a remark and making some answer to that purpose I arose and merely burning left the room.

I was indignant at the Governer's conduct for his secretary told us, that he had said if the furniture was not confiscated we could have it, and not to refuse to give it to us. I felt outraged but this is Spanish justice and it was strange that anything they could do would astonish me. Afterwards Don Fran[cisco] Pichardo told us the Governer said the wife of Dr. Risco was very haughty which proved he had understood my manner exactly as I intended he should.

Afterwards we went to see the Administrator of the confiscated furniture who was a perfect gentleman and very kind in his manner. He said his government was so inconsistent and unjust he could not tolerate it and intended leaving the Island. He expressed a great deal of sympathy for us and said we could take from our house whatever things we valued most also the Dr. surgical instruments, but requested us to keep it secret as if it were known it might cause him a great deal of trouble. He said he was unable to do anything more for us but advised us to see the American Consul upon arriving in Havana and he thought he might probably be able to do something toward knowing our furniture restored to us. One of our carriages had been burnt by the Spanish soldiers and the other a handsome Victoria, had been sent to Havana and sold by the government during our absence from the City for these we did not pretend to ask remuneration but we did think they might possibly return some of the furniture to us, or at least the books and surgical instruments of which the D^r had a large quantity which were very valuable. Taking advantage of the Administrator's kindness we immediately went to the house and possessed ourselves of those things we most value that we were able to carry and now that we found that we could get nothing else we made all haste in our preparation to leave Principe.

Shortly after our return to the City we received a letter from the American Consul at Nuevitas saying he had orders from my mother to advance us all the money we needed, but fortunately we did not need as few days before the breaking out of the insurrection the Dr. had been paid a large sum which I secured in a belt and carried around me for nearly three years, my jewels I also carried on my person, and saved them, but upon returning to Principe I gave them to Eusevia Guerra for safe keeping, who put them in her wardrobe, and afterwards when in Havana I went to take out some jewelry I found a number of pieces had been stolen among them a large diamond stud, and an opal and diamond ring. I was annoyed but as we had suffered so much and lost all our property this seemed a small matter so I paid but little attention to it. During the insurrection whenever the Spanish troops surprise the Cuban woman in their ranches they invariably took from them all the jewels they possessed so I felt very happy as being able to keep mine also that we had never come in contact with those horrible wretches.

As it was winter (being the first of February), we did not dare venture North, as we were all in very delicate health, for although I had kept up through those years of suffering, yet from weighting 160 lbs. I had dwindled down to 125 lbs. and as soon as we came to the City I was taken sick, so that a change of climate would have been dangerous for any one of us, and we decided to go to Key West until later in the season so leaving Pto. Principe Feb 11th 1871 we soon arrived in Havana where we were most cordially received by our friends among them Dr. and Mrs. Wood who were generous in their offers to us, all of which we truly appreciated.

While in Havana we called upon the American Consul to see what he could do for us in regard to our furniture, he seemed entirely ignorant of his business and in fact confessed he did not know what to do but told us we had better write to Washington. Everything seemed so vague, and uncertain we were as thoroughly disgusted with American Consul, as with the Spanish Governer, and as soon as there was a Steamer going to Key West we gladly left the unhappy Island.

It was nearly three years since I had heard from any member of my family so my delight may be easily imagined when shortly after arriving at Key West letters came welcoming us home and bringing news of my parents, who were still alive and well.

We quite enjoyed our stay in Key West and being in the land of the free but we were anxious to get home so as soon as the weather was sufficiently warm we made our preparation to leave and sailed the 4th of April and arrived in N York the 7th of April 1871 rejoiced to be once more reunited to the loved ones from whom we had been separated for such a length of time.

I have written this as near as I can possibly recollect, but am aware of having forgotten many things. However, I shall be repaid for my trouble if my children enjoy reading these few reminiscences of the Cuban rebellion.

Josephine del Risco
July 2th 1889.

www.ingramcontent.com/pod-product-compliance
Lightning Source LLC
Chambersburg PA
CBHW032005220426
43664CB00005B/152